Das Buch Auflösung

Frank Reinoss

Das Buch Auflösung

Jetzt im Nichts Ganz Sein

Bibliografische Information der Deutschen Nationalbibliothek:

Die Deutsche Nationalbibliothek verzeichnet diese Publikation in der Deutschen Nationalbibliografie; detaillierte bibliografische Daten sind im Internet über http://dnb.dnb.de abrufbar.

Illustration: **Fabienne Reinoss**

Korrektur und Layout: **Kirsten Benien**

Herstellung & Verlag: BoD™ – Books on Demand GmbH, Norderstedt

Printed in Germany

ISBN: 978-3-8482-0554-7

Inhaltsverzeichnis

Dual

Dual war diese Welt von Anbeginn,
die Quelle hatte diesen Sinn,
gespalten sollt es hier wohl sein,
damit Gerechtigkeit kehrt ein,
der Mensch aus freien Stücken,
des großen Weltalls zu beglücken,
kann sich verbinden ganz zurück
zu diesem Glück,
was Liebe einst genannt.

Doch dieses groß Gefühl,
geht unter im Gewühl,
kann finden nicht ein jeder hier,
ich sag es dir,
geschenkt muss werden diese Kraft
und in dem eignen Saft,
ist sie vorhanden schon im Herzen klein,
doch durch das Resonanzprinzip kehrt sie
nicht ein.

Denn Resonanz ist eine große Macht,
die Alles in uns schafft,
was hier bereits vorhanden
und wie in großen Banden,
sind wir gelenkt von dieser Kraft,
die manchmal mit uns macht,
es fängt gleich alles an zu rollen,
obwohl wir es nicht wollen.

Der Geist ist willig, heißt es in dem großen
Buch, doch willig sein setzt hier nicht ein,
denn Resonanz ist nicht so klein,
es ist ein Grundgesetz der anderen Art
und wer bewahrt,
Gesetze in dem Herz,
der geht bald himmelwärts
und dreht gar um,
Gesetze werden krumm.

So wundern wir uns jeden Tag,
wie wir hier gehn auf diese Art,
was liegt dem allen hier zu Grunde,
ist´s mehr als eine große Wunde?
Gewundert hat sich mancher schon,
vergriffen oft, im richtgen Ton,
der Himmel war´s, ist dass nicht fein,
dann kann es nur noch richtig sein.

Doch was wir nie verwunden,
was uns gar ist entschwunden,
das ist die Lösung dieser Welt,
dual und tief gefällt,
sind wir hier tief gefallen
und nach dem allen,
ist dieser Weg zurück nach Haus,
was für ein Graus,
für Viele gar verwehrt,
wie hat uns dies beschwert.

Denn eigentlich ist´s gar nicht schwer,
was muss ich tuen mehr,
als suchen nach dem Weg zurück
und mich verbinden,
mit allen diesen Winden,
der Geist kann kehren ein
und fast gemein,
die Taten kommen mit der Kraft,
wer hat das hier gemacht?

Der Schöpfer kennt Gesetze viele,
doch diese großen Fühle,
gespalten und getrennt zu sein,
die kennt er nicht mal klein,
denn dies Erfahren kann nicht sein,
wenn ganz allein
der Zustand ist ganz anders als wir kennen,
wir können ihn ja kaum benennen.

Der Himmel braucht sogar den Menschen
mit dem Herz,
denn dieser Schmerz,
kann nähren hier Gefühle und Gedanken,
Energie zum freien Tanken,
die andere Welt braucht diese Kraft,
die Dual-Getrenntheit schafft,
gespalten ist sie wie ein Kern.

Die große Wärm,
erzeugt von diesem Kern,
gespalten hier und jetzt,
mit uns ganz fest vernetzt,
geht anders diese Kraft zugleich,
wir werden nur geeicht
auf Trennung sind wir ausgelegt,
doch gibt es einen Weg,
der anders ist als dieser hier.

Fusion, zusammen führn, was einst getrennt,
dass ist ein ewiges Geschenk,
verbinden mit dem Weltall ganz,
fast keiner kann´s,
doch ist es zu erreichen,
wenn wir die richtgen Weichen,
hier stellen und begreifen,
der Himmel wollte uns dieses reichen.

Der große Kampf wär dann vorbei
und anders als beim Ei,
wär hier zusamm was immer war
und um ein Haar,
der Himmel könnt gar lösen selber,
die unbeschreiblich Felder,
die keiner von uns kennt
und die er selber nicht benennt.

Gewicht auf dieser Erde,
vielmehr als nur die Bürde,
als Mensch hier mal vorbei zu gehn,
wenn wir es könnten sehn,
was parallel und um uns herum,
dann würden wir begreifen,
wie weit wir eigentlich reichen
und würden wissen dann,
dass wir im Bann
hier stehn.

Gebannt schaun all die Welten,
die Götter und nicht selten,
die anderen Wesen hier auf uns,
denn wir bewirken,
ein unbeschreiblich Zirpen,
die Energie geht weit hinaus
und viele gar ernähren,
sich hier von unseren Ähren,
ach, könnten wir es sehn.

Wer sich auf diesen Weg begibt,
dual versteht und trotzdem weiter geht,
der muss auch damit rechnen,
dass andere dies Verbrechen,
hier sehen und bewerten
und wir sind die Geehrten,
die dann erleben werden,
wie hier auf Erden,
der Kampf geht los um jede Seele.

Doch welcher Weg führt hier ans Ziel,
das ist für Menschen oft zuviel,
die Frage wollen sie nicht stellen,
sie könnten nämlich dran zerschellen.
Doch glaube mir die Zeit läuft weiter
und in mir heiter,
kommt eine Lösung zugeflogen,
magnetisch Kraft gelogen,
es ist gar wieder dieser Liebe Kraft,
die alles Dieses schafft.
Erlöst zu sein, dass wünsch ich Dir!

Das Buch Auflösung –
Jetzt im Nichts Ganz Sein

Viele Menschen haben die tiefe Sehnsucht Erlösung zu erfahren. Erlösung von Schmerzen, Ängsten, Sorgen, dem Rad der Wiedergeburten und vielem mehr. Dabei gibt es immer wieder Bücher, die den Zustand danach beschreiben, aber keinen verständlichen Weg dahin. Was geschieht da eigentlich, wie fühlt sich das an und welche Auswirkungen sind zu erwarten? Diese und andere Fragen ranken sich um das Thema Auflösung und es gibt wenig Greifbares. Könnte doch irgendjemand diese Inhalte verständlich beschreiben, so nahe bringen, dass es real berührt.

Diesen Wunsch oder besser diese tiefe Sehnsucht erfülle ich in der mir gegebenen Form gerne, denn die Erfahrung ist mir ebenso geschenkt worden. Beginnen wir ganz sachte mit den Fragen der Alten, die bei mir für das alte Wissen aus unendlichen Zeiträumen stehen, und erfahren dabei, was genau unser Problem an der Auflösung ist. Wieso atmest du, wieso schlägt dein Herz, wo kommt der Gedanke her und welche Farbe hat er? Diese wenigen Fragen treffen präzise dort, wo der Verstand gewachsen ist.

Im menschlichen Sinne sind diese Fragen nicht oder nur schwer zu beantworten, im tieferen Sinne entwickeln sie sich zu einem Paradox in dir. Ganz ähnlich verhält es sich mit der Auflösung, die zwar gefühlt und erfahren werden kann, dabei aber scheinbar unbeschreiblich bleibt, da keiner da ist, der sie beschreiben könnte. Auflösung – Jetzt im Nichts Ganz Sein ist nur erfahrbar, wenn keiner mehr da ist. Das klingt erst mal nicht schlecht, bringt dich aber keinen Schritt weiter.

Die Krishnamurtis, die ich als Synonym für viele Autoren aus dem Advaita einsetze, wiederholen diesen Punkt gebets- mühlenartig. Krishnamurti ist einfach nur ein weitverbreiteter Vorname, wie bei uns beispielsweise Christian. Advaita bedeutet nicht zwei sein und beinhaltet bereits den Vorgang von EinsSein. Der westliche Sucher ist immer wieder von der Sprache und der vermeintlichen Klarheit dieser Autoren begeistert und wer Tausende Anhänger um sich schart, kann nicht ganz daneben liegen.

Hier ist es aber ganz anders, als in vielen anderen Bereichen des inneren Wissens.

Hier kann nicht einfach einer auftauchen und ein Buch schreiben, weil er etwas darüber gelesen hat. Die Auflösung ist so schwierig in Worte zu kleiden, dass nur ein tatsächlich Erfahrender überhaupt den Zugang hat. Wer weiß, redet nicht und wer redet, weiß nicht, sagten ebenso die Alten.

Die Gelehrten wollen uns dabei vormachen, das läge an dem tiefen Wissen, was notwendig sei, ein geradezu magischer Vorgang, der das ermöglichen soll. Doch weit gefehlt, die Alten drückten damit lediglich aus, dass Auflösung und eine Beschreibung davon mehr oder minder unvereinbar seien, weil eben in der Auflösung kein Beschreibender mehr da ist.

Ob das stimmt, willst du wissen? Natürlich ist das so, sonst würden ja Tausende von praktischen Anleitungen existieren, die dich ganz präzise dahin geleiten. Da diese in Menge nicht existieren, scheint es also tatsächlich nicht so einfach zu sein.

Aus meiner Sicht ist es möglich, diesen Weg zu beschreiben und einen Abdruck der Präsenz zu vermitteln, der im Erleben enthalten ist. Es ist deswegen möglich, weil die Erfahrenden nach der Auflösung überwiegend einfach weiter gelebt haben.

Anders als bei der berühmten Bemerkung über den Tod gibt es also überlebende Zeugen, die noch da sind. Wenn du wissen willst, was nach dem Tod kommt, frag einen, der gestorben ist. Wenn du wissen willst, wie sich Auflösung anfühlt, frag einen, der sie erlebt hat. Also sprechen wir einfach darüber.

Wenn du in diesem Buch eine Anleitung zum EinsSein erwartest, wirst du sie darin finden. Wenn du Auflösung fühlen möchtest, wirst du es hier erleben. Vielleicht möchtest du einfach nur begreifen, was dieser Vorgang für Auswirkungen in deinem Leben hat, dann wird auch das geschehen. Alle meine Bücher beruhen auf der Wirkung der puren Präsenz, sie wirken aus sich selbst heraus unteilbar in dir, mehr nicht.

Am Anfang präsentiere ich ein einfaches Modell, welches ich bereits im "Urschmerz der Seele" skizziert habe. Es bietet deinem Bewusstsein die Möglichkeit, daran anzuhaften und eine Art innere Verarbeitung zu durchlaufen. Bei meinen Beschreibungen wird das ICH nicht etwa bekämpft oder durch irgendwelche Techniken besänftigt, es wird einfach integriert, da es ein Bestandteil unserer Rolle in der Welt ist. Es wird dann irgendwann ganz und löst sich auf.

Ich benutze dabei Begriffe, die selbst erklärend sind und nicht seitenlang definiert werden. Überhaupt werde ich mich bemühen, das Buch aus verschiedensten Aspekten heraus so knapp wie möglich zu halten.

Die Quelle ist in diesem Modell der Ausgangspunkt von Allem. In ihr ist Alles enthalten, was war, ist und sein wird. Sie hat keine Fragen, weil alle Antworten enthalten sind und sie hat keine Antworten, weil bereits keine Fragen offen sind. Sie ist ganz, komplett und aus menschlicher Sicht statisch. Die Quelle benötigt zu ihrer eigenen Existenz so etwas wie einen lebendigen Anteil. Du kannst es Energie, Licht, Austausch, Beziehung oder Entwicklung nennen. Die Denkstruktur ist mir persönlich vollkommen egal.

Die Quelle spiegelt sich dazu in einem Gegenüber, ich nenne diesen Teil Himmel. In diesem Himmel ist alles enthalten, was die Quelle selbst ist, nur als virtuelle Spiegelung. Diese virtuelle Spiegelung ermöglicht es, alles zu erfahren und zu erleben, was ansonsten scheinbar statisch festgelegt ist, wie in einem der modernen Rollenspiele.

Dazu wird die Ganzheit der Quelle als Spiegelung in unzählige Milliarden Aspekte unterschieden und genau dies ist die Basis unseres Seins.

Wir werden als Individuen, also unteilbare Aspekte des Himmels, als Spiegelung der Quelle geschöpft und in einem weiteren Vorgang in Bedingungen und Potenziale geboren, beispielsweise in dieser Welt. Bis dahin doch ganz einfach. Du stellst die berechtigte Frage, ob dass die Wahrheit ist? Es ist meine Wahrnehmung, das was ich in diesem Augenblick für wahr nehme. Ansonsten spreche ich von einem Modell für dein Bewusstsein, mehr nicht.

In diesem Sein auf der Erde unterliegen wir also der Bedingung der Trennung und spüren das auch ganz häufig in unserem Leben. Selten fühlen wir uns ganz, komplett, glücklich, gesund und richtig. Meistens bleibt etwas davon offen. Daraus resultieren zwei Wege. Der Weg zurück zum Himmel, ich nenne ihn Erleuchtung und der Weg zur Quelle, ich nenne ihn Auflösung. Der eine Vorgang erleuchtet unsere Seele, er hebt uns sozusagen in die unmittelbare Nähe der Quelle, nämlich zurück in den Himmel.

Der andere Vorgang löst uns unmittelbar auf, zurück in die Ganzheit der Quelle.

Beides kann im menschlichen Leben erfahren werden, auch ohne die Schwelle des Körperlichen zu überschreiten. Wir beschäftigen uns hier überwiegend mit der Auflösung, über andere Wege habe ich bereits einiges geschrieben. Dabei sind wiederum zwei Wege bekannt, was in der Getrenntheit dieser Erde verborgen liegt. Wir nennen das Dualität. Der eine Weg ist kollektiv, also für viele Menschen zuständig. Dieser benötigt qualifizierte Helfer, die wir alle als Stifter der großen Religionen kennen.

Diese kommen zu bestimmten geeigneten Zeitpunkten auf die Erde und geben einen Impuls, der uns Menschen einfach anhebt, dem Himmel entgegen. Dieser Vorgang findet immer wieder rhythmisch in großen Zyklen statt. Der zweite Weg ist ein direkter, der einzelne Aspekt verbindet sich mit der Quelle zurück und löst sich darin auf. Auch dieser Vorgang findet immer wieder statt, nur weniger augenscheinlich und dafür ganz individuell. Dieses Erleben wird von mir in Worte gekleidet und der Weg dahin beschrieben. Dieser Weg gleicht einem Prinzip, autobiografische Teile dazu werde ich hier nur in geringem Umfang nutzen.

Es geht dabei um ein Tor, was jedem auf seine Weise offen steht.

Sich in der Quelle aufzulösen setzt voraus, dies freiwillig zu tun. Du wirst zwar gezogen, hast aber ein sogenanntes Vetorecht, etwas äußerst Wichtiges. Der freie Wille ist für mich in unserem normalen Sinne nicht existent. Wenn du eine Bewegung mit deiner Hand ausführst, werden die entsprechenden Botenstoffe bereits deutlich vor der bewussten Wahrnehmung ausgeschüttet.

Dein Gehirn datiert den Vorgang der Wahrnehmung lediglich ein wenig zurück, damit er dir als freiwillige Entscheidung erscheint. Anders beim Vetorecht. Du kannst die Bewegung jederzeit unterbrechen und damit den Vorgang anhalten. In diesem Punkt sind bereits einige unserer Probleme ganz präzise enthalten.

Wir können also nicht grundsätzlich tun, was wir wollen, aber wir können geschehen lassen oder uns verweigern. Dabei haben wir entgegen unserer eigenen Erfahrungen als Kinder doch lernen müssen, dass man alles erreichen kann, wenn man es doch nur wirklich will und sich entsprechend anstrengt. Dem ist leider nicht so. Ich bringe wiederum ein ganz einfaches Beispiel dazu.

Jahrelang versucht ein Mensch aus verschiedenen Gründen, Gewicht zu reduzieren. Trotz immer neuer Diäten will es einfach nicht gelingen. Wieder und wieder werden neue Methoden probiert, aber Nichts – grins – funktioniert. Der Wunsch wird fast aufgegeben. Plötzlich findet der Vorgang nach Jahren einfach statt. Das Abnehmen gelingt und natürlich meint dieser Mensch, das wäre seine Leistung gewesen und eine besondere Methode hätte den Ausschlag gegeben. Nichts anderes, als beim Rückdatieren der bewussten Wahrnehmung bei einer Bewegung auch.

Das Gehirn *erfindet* in einem natürlich fließenden Vorgang des Geschehens eine Erklärung, denn genau dafür ist unser Verstand schließlich da. Er versucht nichts weiter, als zu verstehen. Schaut man sich das Wort „Verstehen" genau an, hat es mit Stehen zu tun. Wir bleiben also in einem fließenden Geschehen stehen und zerlegen dieses, bis wir unsere eigene Ordnung darin gefunden haben. Das ist alles.

Durch diese selbst erfundene oder besser unserer eigenen Wahrnehmung ent-sprechenden Perspektive des Stehens erklären wird die Welt.

Die Grundlage dieses Denkens ist das mechanistische Weltbild von Ursache und Wirkung. Von Relativität keine Spur. Wir versuchen also, alles erklärbar oder präziser kontrollierbar zu machen, was uns leider nicht wirklich gelingt.

Wenn wir doch nur genug wissen und dies und jenes noch eintreten würde, dann könnten wir endlich ganz und gar glücklich sein und bis dahin ist das Leben eben schwere Arbeit. So oder so ähnlich wurde uns oder zumindest vielen von uns das Leben näher gebracht. Aber wo kamen wir denn her? Wir waren Kinder, naiv, unwissend, oft ganz in unserer Welt versunken und dabei auch noch sehr glücklich. Während dieser Zeit erinnern sich Menschen daran, wie einfach und schön die Welt war. Später dürften wir von unseren Eltern erfahren, dass der Ernst des Lebens irgendwann eintritt und dann nichts mehr so ist, wie es vorher einmal war. Wir hatten eben keine Ahnung, wir waren nur da und wussten nichts, wie schrecklich.

In jeder Sekunde unseres Seins finden in unserem Körper Tausende von chemischen Vorgängen statt. Ob irgendeiner wohl den Überblick darüber hat?

Wir wissen, dass unser Körper irgendwann nicht mehr existiert, aber wir glauben, alles unter Kontrolle zu haben oder uns bis dahin zumindest diesem Zustand anzunähern.

Tritt dann dieser Überblick ein, haben wir alles erreicht, was im Leben angeblich wichtig ist, dann fühlen wir plötzlich auch noch diese innere Leere. Wo mag die denn herkommen? Aus der Kontrolle über das Leben, aus der Idee, die Welt durch Stehen bleiben nachhaltig erklären zu können, entsteht letztlich dieses trügerische Gefühl, sicher zu sein. Mit diesem Gefühl verbinden wir so viel, obwohl es uns immer wieder in die Irre führt. Wir haben alles und nichts erreicht – grins – und so fühlt es sich dann auch noch an, es bleibt bitter. In diesem Zustand leben wir eine Erfahrung von gestern oder morgen, aber niemals von Jetzt.

Dabei ist für uns selbst keine Zeit existent, außer das Jetzt. In diesem einfachen Zustand anzukommen, bedeutet nichts weiter, als wieder zum naiven Kind zu werden, den Verstand nicht zu ernst zu nehmen und uns mit dem Sein einverstanden zu fühlen.

Tatsächlich spielen in diesem einen Moment unsere Gedanken und unsere Sorgen gar keine Rolle, weil die hier nicht enthalten sind. Wüssten wir nicht all das, was wir uns als Glaubenssätze tief eingeprägt haben, wären wir wohl immer noch frei. So leben wir teilweise aus zweiter oder dritter Hand, übernehmen Erfahrungen von irgendwelchen Menschen, die schon lange nicht mehr da sind, und wundern uns darüber, dass so vieles gar nicht zu der gewünschten Wirkung führt, dass es sich so künstlich anfühlt.

Die Alten nannten es Wünsche, Ängste und Anhaftungen und meinten, dass alle drei über Disziplin und Wissen aufzulösen seien. Dies mutet dann schon eher grotesk an, denn wie könnte ich etwas bewusst auflösen, was ich zu keiner Zeit gemacht oder unter Kontrolle hatte? Wir nähern uns diesem ersten Punkt in einfacher Weise an. Im Jetzt leben bedeutet, unser Sein so zu begreifen, wie es eigentlich immer war. Lebendig, unberechenbar, fließend und wunderschön. Dazu gehören Worte wie Hingabe, Annahme, Demut und Einverstandensein genauso wie Liebe und Geborgenheit.

Das klingt ja wunderbar, wirst du sagen, aber wie komme ich dahin?

Du kommst da gar nicht hin, denn du hast dich immer darüber definiert, die Ursache–Wirkungsmechanismen zu verstehen und einzusetzen. Erst, wenn dieses Du oder das ICH ganz integriert sind, ist es möglich, im unmittelbaren Sein anzukommen. Diese Integration geht dabei relativ einfach, es ist der Prozess der Selbstauflösung oder das Begreifen dieser virtuellen, relativen Realität.

Das ICH ist eine Instanz, die uns ermöglicht, als getrennte Wesen zu fühlen und hier zu existieren. Dadurch können wir bestimmte Erfahrungen machen, die in der Quelle selbst so nicht möglich sind. Dieses ICH hat eine unteilbare Ausprägung. Du kannst dafür verschiedenste Modelle kreieren. Es gibt Archetypen, Persönlichkeiten, Urschmerzen, Erbsünder, Prägungen, Gene, Erfahrungen, Sozialisation und vieles mehr. Die darin ausgedrückten Inhalte sagen nur aus, dass du ein unteilbares Wesen in dieser Welt bist, um auf deine ganz eigene Weise Erfahrungen zu machen.

Je mehr du dich diesen Erfahrungen öffnest, desto mehr integriert sich dein ICH dabei ins Sein. Inhaltlich werde ich keine festen Strukturen dazu ausdrücken, es ist bei dieser Vielfalt einfach sinnlos und dazu existieren bereits unendlich viele fundierte Ideen.

Beispielhaft hast du seit deiner Kindheit eine tiefe Sehnsucht nach etwas. Nehmen wir an, du wolltest immer ganz banal Motorrad fahren, dürftest es aber nie. Ich würde sagen, du solltest es endlich tun. Du hast Angst, weil Motorrad fahren gefährlich ist? Gib sie einfach auf, denn du kannst auch auf ganz andere Weise von der Bildfläche – grins – verschwinden, ohne jemals in Freude ein Motorrad bewegt zu haben. Dieses direkte Gefühl, an der frischen Luft, ganz nah an der Fahrbahn, mit der Geschwindigkeit im Fahrtwind, die Gerüche, diese Wahrnehmung, ist das nicht herrlich? Das soll zur Auflösung beitragen, wirst du jetzt fragen? Natürlich, denn Selbstverwirklichung ist ein Teil des vermeintlichen Weges.

Das ICH zu bekämpfen, ist nach meiner Erfahrung sinnlos. Es ist außerdem grotesk, mit dem gleichen ICH, welches erst bekämpft wird, in die Auflösung zu gehen.

Die Selbstverwirklichung ist eher die Vollendung deiner Wünsche und Anhaftungen, sie werden hinterher als erfüllt oder sogar leer gesehen und ermöglichen die Integration, die eine Art Befreiung davon bedeutet. Dabei werden auch viele deiner Ängste erfahren und verdampft, du wirst ganz.

26

Dieses Erleben kann wie in einigen Fällen dokumentiert unmittelbar eintreten oder auch über Zeit erlebt werden. Die Ausprägung ist durch den temporären Verlauf nicht besser oder schlechter. Es geschieht einfach, wenn es reif ist.

Wird diese Art der ICH-Verwirklichung verweigert, entstehen oft Schatten, die in der Welt der Alten als der große Kampf zwischen Licht und Finsternis interpretiert werden. Frei nach dem Motto, wenn ich etwas nicht integrieren kann, ist es wohl böse. Dabei wird aus dieser Wahrnehmung des Menschen tatsächlich eine Welt der Trennung und des Kampfes, die eine Art eigenen Daseinszweck enthält. Wenn sich die Dinge außerhalb von mir befinden, kann ich mich immer noch gut fühlen. Alles, was da geschieht, ist nicht unmittelbar mit mir in Verbindung oder gar in mir enthalten, sondern kommt von außen auf mich zu. Es ist getrennt von mir.

Wie wäre es, wenn alles, was wir erleben, eine Verbundenheit mit uns hätte? Wie wäre es, wenn Unfall, Krankheit, Hass, Ablehnung, Schmerz und viele andere Aspekte in uns selbst enthalten sind, als Teil unseres ICH, ohne Wertung von Gut und Böse?

Das wäre ja eine schreckliche Welt, höre ich dich laut denken. Ganz im Gegenteil würde ich sagen, das ist doch wunderbar.

Wenn ich selbst nur ein einzelner virtueller Aspekt der Quelle bin, kann ich doch Alles, was gerade geschieht, als vollkommen in Ordnung annehmen! Das bringt tiefe Freude, Gelassenheit und Erleichterung. Ich erlebe dann jede Nuance dieses Daseins als Teil meines Lebensfilmes, als leidenschaftlichen Ausdruck des Lebendigen und komme dabei automatisch im Sein an. Wenn wir die Kontrolle über unser kleines Leben ganz aufgeben, kommen wir zum ursprünglichen Zustand einer direkten Verbundenheit zurück. Es ist die Verbundenheit mit dem Sein, ein Geschenk an uns.

Wir präzisieren nochmals die Vorstellung dieses ICH, dieser Person. Die Person war früher auch ein Ausdruck für die Maske des Schauspielers, was es sehr genau trifft. Wir alle sind Schauspieler in einem Stück, dass uns auf den Leib geschrieben wurde. Wir dürfen diese Rolle ausfüllen, uns immer wieder wundern, was die bekifften Drehbuchautoren da so mit uns machen.

Wir selbst sind dabei nicht das, was unsere Rolle ausdrückt. An verschiedenen Stellen spüren wir das sehr deutlich.

Es ist das Bild vom Paradies unter der Käseglocke, welches einen geschützten Rahmen darstellt. Alles wird gefühlt, kann aber nicht erreicht werden, da es wie gesagt begrenzt ist. Bereits hier kommen wir zu der Stelle, die einen wesentlichen Inhalt dieser Beschreibung ausmacht, allerdings noch in einem Modell.

Wir erleben unser Sein nach bestimmten Grundmustern, die wir verinnerlicht haben. Ich nenne diese einfach Glaubenssätze, weil sie in keinster Weise eine Wahrheit sind. Eher sind es Annahmen, die wir oft noch nicht einmal selbst ausprobiert oder erfahren haben, sondern die einfach übernommen wurden. Die alten Volksweisheiten zählen genauso dazu, wie uns bekannte Aussagen zum Leben. Wenn du in der Schule nicht gut bist, dann wird Nichts – grins – aus dir. Ich freue mich immer über solche Formulierungen, weil Nichts in der Auflösung sozusagen bereits Alles beinhaltet.

Ganz praktisch war selbst ich in der Schule niemals so richtig gut, aber im menschlichen Denken ist etwas aus mir geworden.

Ich habe einen Geschäftsfreund, der etwa 1800 Mitarbeiter beschäftigt. Er hatte in der Mittelstufe das schlechteste Zeugnis der Gegend.

Heute gilt er als Visionär seiner Branche und genießt einen hervorragenden Ruf. Was ist also mit diesem Glaubenssatz? Ist dieser Mann die berühmte Ausnahme? Nach meiner Erfahrung nicht.

Große Teile der Unternehmer sind auf kurvigen Wegen zu ihrem Erfolg gelangt, nicht direkt. Aber in der Masse ist es doch wirklich anders, höre ich die Skeptiker sagen. Die Masse unterliegt dabei tatsächlich unreflektiert diesen Annahmen und folgt ihnen inhaltlich, wie eine Art sich selbst erfüllende Prophezeiung. Bitte, die Masse kümmert sich dabei auch nicht um Fragen der Auflösung, sondern eher um ganz andere Themen.

Kommen wir zurück zum Bild der Käseglocke aus Glas, die unser Leben umgibt. In jedem Leben gibt es in ganz unterschiedlicher Art und Ausprägung eine Erfahrung, wie heftig gegen diesen Rand zu schlagen.

Es könnten beispielhaft Todesfälle in der Umgebung sein, ein Nahtoderlebnis, ein Unfall, eine schwere oder langwierige Erkrankung, ein Einbruch der Lebensgrundlage, eine Trennung der Partnerschaft oder ein Burn-out-Syndrom, aber auch freudige Ereignisse. Es gibt Tausende von Beispielen, wie dieses Erleben Ausdruck findet.

Du schlägst jedenfalls gegen eine imaginäre Grenze, ein unsichtbares Hindernis und hast den Eindruck, da geht es nicht mehr weiter. So ging es allen Auflösern, egal welcher Kultur oder Herkunft, egal welche Bildung oder Sozialisation. Dieses Erleben ist universell. Im Moment des Anschlagens spüren wir einen tiefen Schmerz, wie einen direkten Schlag. Wir fühlen uns dann benommen von der Situation und haben keine Ahnung, wie sie sich lösen soll. Dabei erleben wir unmittelbar hautnah, wie machtlos und begrenzt wir sind.

Die normale Reaktion darauf ist, den Abstand zu dieser Käseglocke zu wahren und sich körperlich zu merken, wie schrecklich sich allein die Berührung anfühlt. Die Erfahrung sinkt in den Schmerzkörper ab und speichert sich dort als weiterer Glaubenssatz, der uns vom Sein trennt.

Der Schmerzkörper und unser abgelehntes Erleben bilden dabei eine Einheit, die später als Schatten erscheinen. Diese verdrängten Schatten oder schmerzlichen Erfahrungen steuern damit große Teile unseres Lebens. Nun gibt es aber Situationen, die sich auch damit nicht lösen lassen und darüber hinaus gibt es Menschen, die den Schmerz des Anschlagens aushalten.

Diese wundern sich eher über den Vorgang und sind nicht an der Stelle, davon eine konkrete Handlung abzuleiten. Manche Situationen sind dabei so schwierig, dass eine veränderte Handlung erst gar nicht möglich erscheint. In diesem Falle, und wir werden später ein praktisches Beispiel dazu erleben, schwingt der Betroffene durch den Aufprall zurück, um wenig später wieder gegen diese Stelle zu schlagen.

Macht er dies wider scheinbar besseres Wissen oder mangels Alternative immer so weiter, schlägt er irgendwann hindurch. Dieser Vorgang kann auch unmittelbar auftreten, sozusagen bereits beim ersten Mal. Das jeweilige Thema ist nur eine Ausprägung der Geschichte, nicht das Wesen.

Es wird dann erlebt, dass diese Grenze der persönlichen Wahrnehmung durchbrochen wird und dass es außerdem dahinter nicht zu Ende ist, sondern immer noch ein Sein stattfindet. Die Welt dehnt sich in diesem Augenblick aus, in einer Art, die vorher unmöglich erschien. Diesen Vorgang kann man auf ganz verschiedenen Erlebensebenen erfahren und ich werde einige davon aufzählen.

Wenn wir durch dieses Loch in unserer Käseglocke schwingen, verletzen wir uns oft dabei, um später festzustellen, dass es sich nur um ganz oberflächliche Blessuren handelt, die wider Erwarten keine existenzielle Bedrohung darstellen. Hier unterscheide ich mich sehr stark von anderen Erlebenden, die diesen gesamten Vorgang oft als sehr schlimm, äußerst schmerzhaft und schrecklich schildern. So ist der kleine Franki eben.

Natürlich wird an dem Bild bereits klar, dass umfangreiche Berührungen stattfinden, die aber nur durch unsere Annahmen und Glaubenssätze bedrohlich wirken, nicht wirklich so sind. Findet der Vorgang Eingang in unseren Verstand, zeigt dieser Error, Kurzschluss oder Panik an und das ist die tiefere Empfindung dahinter.

Der Verstand und du selbst geraten über die Grenze hinaus auf Neuland und begreifen dabei unmittelbar, dass die schöne Welt der Kontrolle frei erfunden ist, es sei denn, wir bleiben vom eigentlichen Sein deutlich entfernt. Ich nenne das dann Welt in der Welt in der Welt. Lösen wir diese Welten im direkten Erleben auf, befreien wir das reine Sein in uns, denn dort war es schon immer vorhanden, nicht nur als Kind, auch später immer wieder.

Übertragen wir diesen Vorgang in körperliche Vorstellungen von Energie, erleben wir so etwas zum Beispiel beim Tantra, also einem Vorgang der körperlichen Vereinigung in tiefer Liebe mit einem Partner. Dabei dehnen die Erlebenden miteinander die Grenzen so aus, dass eine ganz neue Wahrnehmung Raum greift.

Diese Wahrnehmung entspricht dem Durchschlagen der Käseglocke in seiner schönsten Form, zumindest für mich selbst. In den energetischen Vorstellungen gibt es dabei körperliche Veränderungen des Flusses. Die Energien fließen beim Überschreiten dieser Grenzen auf eine ganz neue, ungewohnte und vor allem untrainierte Art durch den Körper.

Bei einer Kundalini Auslösung werden die alten Leitungen Ida und Pingalla beispielsweise in einer neuen Leitung, dem Mittelkanal Sushumna aufgelöst und der kann dann ein Vielfaches der Energie transportieren. Warum ist das wichtig?

Wenn wir durch die Käseglocke schlagen, erleben wir eine Art neuer Welt dahinter.

Diese ist ungewohnt, ganz nah am direkten Sein oder in einer höheren Schwingungsfrequenz befindlich. Um diese Frequenzen sinnvoll verarbeiten zu können, benötigt es so etwas wie Training oder Erfahrung.

Dies ist der zweite Schritt, der allen Auflösern gemeinsam ist. Über einen unterschiedlich langen Zeitraum erleben wir, wie unser gesamtes gewohntes Leben aus den Fugen gerät, um in einer ganz neuen Art aufgestellt zu werden. In diesem Erleben gibt es je nach individueller Ausprägung Zustände von tiefem Schmerz bis zur ebenso tiefen Glückseligkeit.

Dies entspricht der polaren Ausprägung unserer Welt und dem von mir beschriebenen Schwingen.

Je öfter wir uns durch unsere Begrenzung hindurch bewegen, desto größer wird das Loch in der Hülle und umso mehr von der neuen Atmosphäre tritt ein. Dieser Vorgang wird auch als Auflösungsprozess bezeichnet.

Er ist unterschiedlich lang, unterschiedlich ausgeprägt und wird oft als ganz eigendynamischer Vorgang erlebt. Dies ist auch bei der Kundalini Auslösung so, die sozusagen bereits latent in unserem Körper schlummert. Wenn die Auslösung stattgefunden hat, wirkt sie unaufhaltsam, ob wir das wollen oder nicht.

Genauso ist es nach meiner ganz persönlichen Erfahrung auch bei der Auflösung. Die Entstehung und das Wesen des Vorganges sind dabei durchaus vergleichbar. Die Auflösung greift Raum, wenn wir diesen unlösbaren, paradoxen Punkt in unserem Leben erfahren und ihn offen gehalten haben. Manche sprechen von der dunklen Nacht der Seele, andere von einer Wiedergeburt. Ob das ein aktiver Vorgang ist, willst du wissen?

Ich betrachte diesen Teil aus der Sicht des Vetorechtes als grundsätzlich aktiv, weil ich scheinbar reif und bereit bin, dies auszuhalten und zu erleben.

Oft ist es im praktischen Erleben etwas anders, weil eine Alternative innerlich nicht wirklich besteht. Es wird meistens präzise gefühlt, nein, in einem inneren Wissen erfahren, dass dieser eine Weg und dieses Erleben einfach genau richtig für mich ganz persönlich sind. Es gibt dabei keine Alternativen dazu.

Was sagt die Umgebung eigentlich zu diesem Geschehen? Die hält dich spätestens ab diesem Moment einfach für vollkommen verrückt, was es auch genau trifft. Du bist dann aus der normalen Betrachtung ver-rückt, den üblichen Sichtweisen entrückt und das macht der "Masse" schlichtweg ungeheure Angst.

Um diese Angst nicht tiefer fühlen zu müssen, weil das möglicherweise gravierende Auswirkungen auf das eigene Leben hätte, wird der gesamte Vorgang einfach ausgeblendet oder als verrückt abgelehnt und entwertet. Dem Erlebenden ist das meistens herzlich egal, er hat innerlich keine echte Wahl. Alle anderen Optionen wurden meistens bereits ausprobiert, halfen aber nicht. Ignorieren, weglaufen, kompensieren und so weiter helfen nur, wenn die Käseglocke noch ganz ist.

Ansonsten wurde man bereits von der Atmosphäre der inneren Freiheit infiziert und trägt diesen wundervollen Virus in sich.

Da helfen dann auch der berühmte eiserne Wille, der Kampf gegen den inneren Schweinehund oder andere ähnlich gelagerte Versuche nichts. Es geschieht einfach.

Damit sind wir an einem kleinen Wendepunkt in diesem Gespräch. Die eigentliche Frage an dieser Stelle ist, ob das überhaupt gewünscht wird? Ob möglich oder nicht, möchtest du dies alles wirklich erleben, wenn du es könntest? Was hättest du davon und lohnt sich das Ganze überhaupt? Wir werden diese Fragen im Folgenden beleuchten und damit in dir eine Art Zwiespalt auslösen.

Der größte Teil der Suchenden möchte gerne einen großen Wust an Techniken geschenkt bekommen, um in einem langen harten Weg des Lernens und Bemühens an ein Ziel zu gelangen und die Belohnung zu kassieren. Gerne auch mit einem Guru oder Führer. Der weiß vermeintlich wenigstens, wie es geht.

Leider ist dieser Teil nicht möglich, er ist in der Quelle nicht enthalten.

Natürlich kannst du an der kollektiven Bewegung teilnehmen und damit ebenso Erleben sichtbar machen. Wir sprechen hier über Auflösung. Diese ist in dir als Teil angelegt, die Erfahrung ist latent als Möglichkeit vorhanden und sie tritt in der beschriebenen Art im Wesen in jedem Menschenleben auf. Ein Guru oder ein Meister kann dich vielleicht begleiten, damit du nicht so AllEin bist – grins – er kann das aber nicht in dir machen.

Der Vorgang findet in dir selbst statt und nirgends anders. Das Erleben hat dabei erst mal so große Folgen, dass die meisten Menschen zu Recht davor zurückschrecken. Ich selbst empfinde es als leidenschaftlich im wahrsten Sinne des Wortes und alternativlos schön, mehr nicht. Möchtest du dein gesamtes Leben zugunsten einer unklaren Form, der Auflösung, aufgeben, um dafür Nichts als reines Sein zu erhalten?

Mehr bleibt davon nicht übrig! Mit Meditieren, Übungen, Verhaltensregeln und dergleichen hat das Ganze leider herzlich wenig zu tun. Es sind überwiegend Dinge am Markt der bunten Welt, die der inneren Sehnsucht des Menschen einen künstlichen Rahmen geben, um damit nicht zuletzt Umsatz zu machen. Oder einfacher ausgedrückt, es ist Betrug.

Es ist Betrug, weil dem Suchenden suggeriert wird, dass ein bestimmter Weg, der wieder einmal im Außen liegt, dazu angetan wäre, Erlösung, Auflösung oder was auch immer zu finden.

Dieser Weg, oder vielmehr dein Erleben ist aber unteilbar mit dir verbunden und sonst mit niemand. Was sollte es also nutzen, Wege anderer Menschen zu gehen, die einen vollkommen anderen unteilbaren Aspekt dieser Welt ausdrücken?

Wirkung zeigt lediglich, sich mit den Abdrücken oder dem Wesen des Erlebens zu befassen. Du kannst es an dich heranlassen und dann erleben, welche Ausprägung es in deinem ganz persönlichen Leben findet. Wie viele Jahre willst du sitzen und Praktiken ausführen, die künstliche Rahmenbedingungen schaffen und dann in deinem täglichen Leben gar keinen Raum einnehmen?

Auflösung nimmt dein Leben ganz ein, es lässt keinen Stein auf dem anderen, ein bisschen Auflösung, ein bisschen Kundalini, ein bisschen Tantra, Entschuldigung, das existiert nicht.

Es erscheint oft so, dass der Suchende von allem ein bisschen nimmt, damit seine langweilige Freizeit aufpeppt und dann erwartet, ewig glückselig und voller Freude zu sein. Dazu sollte das normale Leben nur insofern betroffen sein, dass alles ein bisschen einfacher und bunter davon wird. So ähnlich, wie in den Wunschbüchern – ein freier Parkplatz, ein bisschen Reichtum, erfüllte Sexualität, gelungene Kinder und dazu natürlich noch gesund bis ins hohe Alter. Bitte, das gibt es hier alles nicht, oder sagen wir präziser, genauso viel oder wenig, wie überall anders auch.

Kommen wir also zu dem Punkt der Belohnung. Was bekommt der Suchende denn für seine Auflösung, was wird ihm zu Teil? Nichts, würde ich einfach antworten, aber ich werde schon ein wenig mehr dazu sagen. Wir saßen als Kinder, mein Schwarzschafiger-Bruder und ich und fanden die Vorstellung, später in den Himmel zu kommen, total langweilig. Keine schnellen Autos, keine Boote und dafür goldene Straßen und Engelschöre und Posaunen und das unendlich – na danke schön, also für uns bitte eher nicht. In der Auflösung gibt es nicht viel zu erwerben, außer eben aufgelöst zu sein.

Ganz praktisch beschreibe ich das anders, als die vollkommen bunten Vorstellungen der Reikis, wie ich die glücklich Fühligen dieser Welt nenne, ohne dabei Reiki als solches herabwürdigen zu wollen.

In deinem Leben verändert sich praktisch alles, weil alle deine bisherigen Vorstellungen während der Erfahrung einfach verdampfen. Nenne es Verlust oder Gewinn, es ist einfach so. Das Gefühl, AllEins zu sein, im Jetzt zu leben oder seine eigene Person aufzulösen, ist eigentlich unbeschreiblich. Ich werde es trotzdem in Worte kleiden.

Im unmittelbaren Erleben der Auflösung wird alles um dich herum als untrennbar mit dir verbunden erfahren. Du bist ein Teil des Gesamten und das Gesamte ist ein Teil von dir. Beim ersten Erleben dauerte dieser Zustand bei mir etwa 2 Stunden würde ich sagen. Es war unerwartet, unglaublich und trat einfach ungefragt ein.

Ich war nicht mehr da und war gleichzeitig größer und kompletter da, als jemals zuvor. Der kleine Franki war nicht mehr da, ich selbst war Eins mit Allem. Es war Frieden, eine besondere Art des Glücks, ich nenne sie der Einfachheit halber Liebe, mehr nicht.

Der Film, in dem wir unsere Rolle spielen, läuft dabei weiter. Es wird gegessen, gefühlt, geschluckt und getrunken, es wird geatmet, gesprochen und gehört, nur es gibt keinen getrennten Aspekt dazu. Alle Sinne sind nicht etwa verschwommen, sondern klarer als jemals zuvor. Alles ist intensiv, besonders und wie um einen großen Ballast befreit, es ist Jetzt im Nichts Ganz Sein, mehr nicht.

Ich habe die detaillierten Erlebnisse bereits im Buch "Der Zwuck Effekt" beschrieben und möchte sie hier nur in Nuancen wiederholen.

Für den Verstand, der vielleicht immer noch an dem Modell der Spiegelwelt arbeitet, drücke ich es ein wenig anders aus. Die Quelle benötigt in ihrem Sein so etwas wie eine Entwicklung, damit sie existieren kann. Diese Entwicklung findet statt, indem über die Betrachtung der Welten hinaus einzelne Aspekte freiwillig zurückkehren. Diese Rückverbindung mit der Quelle ist die hier beschriebene Auflösung, welche unter Selbstaufgabe in Liebe geschieht.

Diese Liebe drückt sich darin aus, dass ich und du uns innerlich dafür öffnen, uns aufzugeben, Eins mit der Quelle zu werden.

Wir verzichten in einem Vorgang der tiefen Liebe, die sich aus der Öffnung ergibt, auf unsere Existenz in der virtuellen Welt. Wir verzichten auf das bunte Erleben der virtuellen Welt, indem wir uns ganz aufgeben. Das ist Liebe und diese Energie schenken wir der Quelle, die davon lebt. Ich drücke diese kleine Stelle noch etwas präziser aus.

Die Liebe ist in der Quelle selbst so nicht enthalten. Sie entsteht aus dem Vorgang der freiwilligen Rückverbindung in uns, ist damit sozusagen eine unerwartete Transformation der Quelle, die sie selbst mit Leben speist. Somit bist du und ich, sind wir lebenswichtig für die Quelle, weil die direkte Rückverbindung der höchstmöglichen bekannten Energieform entspricht. Die Liebe ist ein Ergebnis dieses Erlebens und sozusagen eine Abweichung im System.

Wird die Rückverbindung gänzlich erlebt, also kehren wir später dorthin zurück, werden wir zu einem Teil des Lebendigen, der in allen Erscheinungen vorhanden ist.

Dieses Erleben ist für uns begrenzt empfindende Menschen unvorstellbar. Es hat weder etwas mit goldenen Straßen noch mit schönen Autos zu tun.

Es ist die Vereinigung mit allem Lebendigen, eine unendliche Ausdehnung unseres Seins in Dimensionen, die wir hier auf der Erde in der körperlichen Präsenz als Abbild bei den Vorgängen des EinsSeins in der für uns möglichen Form bereits erleben dürfen.

Diese Vorgänge können ebenso in unendlich vielen verschiedenen Varianten erlebt werden. Dabei ist meine Wahrnehmungswelt davon geprägt, dass es unterschiedliche Beziehungsformen oder Idealformen des EinsSeins, der Rückverbindung gibt. Bei mir ist eine duale Form hinterlegt. Am Schönsten empfinde ich die Vereinigung mit einem Partner, in meinem Falle einer Dualseele oder einem Kugelmenschen, der in Platons Gastmahl beschrieben ist. Andere Menschen erfahren diese Auflösung in der Natur, wieder andere in der Beschäftigung mit dem Kosmos und immer so weiter. Es sind sozusagen begünstigende Faktoren bei jedem Einzelnen, die sein Abbild der Auflösung entstehen lassen.

Mein erstes Erlebnis dieser Art fand ohne eigentlichen Anlass ebenfalls an einem besonderen Ort statt und war für mich trotz langer Vorgeschichte irgendwie verblüffend anders.

Es entsprach keiner Erwartung, und als es aus dem Nichts eintrat, war ich nur berührt davon. Es veränderte mein Leben insofern, als das sich darin viele einzelne Erlebnisse eines längeren Zeitraumes in ein Bild fügten, welches ich unmittelbar erkennen dürfte.

Dieses Bild entsprach als Abbild eben genau dem, was in der späteren Auflösung zurück in die Quelle geschieht. Ob ein Leben in gänzlicher Auflösung möglich ist? Ich empfinde dies als jederzeit möglich, denn davon handelt das Buch.

Eine spätere Auflösung als Ziel nach dem Tode ähnelt mir dann letztlich zu sehr dem christlichen Grundmuster, welches in unseren Köpfen immer noch tief verankert ist. Dieses Muster stammt aus der Machterhaltung des Patriarchats, welches in den institutionellen christlichen Religionen immer noch sehr deutlich vorhanden ist.

Du kommst dort also als armer Sünder auf die Welt, bemühst dich dein kleines Leben lang darum, dem Guten nachzustreben und wenn du das mit vollem Einsatz des Herzens durchhältst, bekommst du vielleicht durch die Gnade Gottes die Gelegenheit, im Jenseits am ewigen Leben teilzuhaben.

Die genauen Teilnahmebedingungen stehen im Kleingedruckten und umfassen noch ein paar klitzekleine Auflagen, die je nach Ausrichtung einzuhalten sind. Insbesondere bleibt festzustellen, dass du in dieser Denkwelt niemals in Ordnung bist und nur im Jenseits eine Belohnung bekommen kannst, die letztlich trotz eines christlichen Erlösers vor allem von deinem Wohlverhalten abhängig ist. Na, vielen Dank für diese große Gnade.

Das mit dem ewigen Leben scheint dabei noch irgendwie zu stimmen, da das Rad der Wiedergeburten ja gnadenlos zuschlägt, was auch eine Art Unendlichkeit bedeutet, wenn man diesen Gruß des Murmeltiers so nennen möchte. Für alles andere gibt es dann noch das Böse, dass ungeheuer mächtig kämpft, um uns für seine Vorhaben zu verführen.

In meiner Erlebenswelt ist die Auflösung natürlich zu Lebzeiten möglich, denn sonst wäre sie wieder so eine hohle Geschichte, die sich irgendwelche Mächtigen für ihre egoistischen Zwecke ausgedacht haben. Mit der Belohnung ist es da schon etwas anders, weil primär Nichts übrig bleibt. In diesem Nichts ist gleichzeitig Alles enthalten.

Auch diesem Paradox wollen wir uns in aller Ruhe widmen, denn es ist ein wesentlicher Bestandteil dieses Erlebens. Ich untersuchte eines Tages durch einen Freund animiert verschiedene Formen des Vakuums, die ich mir dafür anfertigen ließ.

Dabei stellte ich erstaunt fest, dass darin viele positive Eigenschaften enthalten waren, aber nicht die ganze Bandbreite des Seins. Es war für mich wie ein *Abbild der Vorstellungen vom Paradies*. Das hatte ich nicht erwartet. Aus meiner unmaßgeblichen Sicht stellt das Vakuum damit genau diese Käseglocke dar, die ich bereits ausführlicher beschrieben habe.

In der Auflösung wird unmittelbares Ganz Sein im Nichts erfahren, ein ungleich anderer Vorgang. Da existieren diese Begrenzungen nicht mehr, da löst sich die Polarität auf und Gut und Böse in der uns geläufigen Form sind nicht mehr existent. Auch nicht als einzelne, bessere Teile.

Anstelle dieser Erfahrungen tritt EinsSein oder Liebe, ein komplettes Erleben, eine neue Realität. Diese enthält dann keine getrennten oder einzelnen Teile mehr. Ganz praktisch bedeutet dies, dass jeder Vorgang des Lebens vollständig akzeptiert wird.

Dies entspricht, wie gesagt, der Auflösung aller Gewohnheiten, die uns in unserer bisherigen Welt begleitet haben. Um was es sich dabei handelt?

Einfach um alles. Du fühlst anders, tiefer, intensiver und umfangreicher. Du weißt plötzlich unmittelbar, was in einer Situation zu tun ist, ohne zu wissen warum. In der alten Energielehre wäre es die Erweckung des dritten Auges, die Öffnung des Stirnchakras oder nennen wir es einfach die Reifung unserer Intuition. Sie verdichtet sich zu einem klaren Wissen. Du wirst kongruent mit dem Sein. Das Warum gehört dabei zum Verstand, der in seiner alten Denkart Ursache und Wirkung in den Vorgängen sucht, aber leider nicht mehr finden kann. In der Auflösung wird dieser Verstand oft als niedlich und amüsant empfunden, er wird in der bisherigen Form einfach nicht mehr benötigt. Du weißt ja nicht mal, warum dein Herz schlägt, aber es geschieht trotzdem, ist das nicht genial?

Der Verstand, ich nenne ihn meinen Esel oder die Affenhorde, erzählt immer noch lustige Geschichten, sie haben aber überwiegend nur noch einen großen Unterhaltungswert, nichts anderes.

Verändert wird dabei auch der Körper. In einem sehr unterschiedlich angelegten Vorgang reinigt er sich und heilt seine Wunden, bis er ebenso im Rahmen seiner Möglichkeiten Ganz wird. Mit diesem neuen Körper, der ja in etwa dem Vorgang einer Wiedergeburt entspricht, ist neues Erleben verbunden. Sexualität und Verlangen transformieren in meinem Erleben in körperliche Vereinigung und Liebe, ein Vorgang, nachdem ich Zeit meines Lebens tiefe Sehnsucht hatte, den ich suchte.

Ich wollte in das Gegenüber hinein kriechen und jetzt erlebe ich diesen Vorgang als Abbild der Auflösung in der Quelle. Dabei sind die vorher bekannten Teile der Sexualität noch enthalten, nur ungetrennt.

Der Schmerzkörper wird ebenso aufgelöst, was für sich betrachtet einfach wunderbar ist, weil die Zwanghaftigkeit der Erlebnisse direkt aufhört. Es ist wie die komplette Transformation von Karma, also keine neuen Anhaftungen mehr zu schöpfen.

Zu diesem positiven Aspekt kommt aber auch das Erleben und wir sprechen hier von einer ganz neuen Bemusterung. Nichts funktioniert – grins – mehr so, wie du es gewohnt bist.

Du hast eine vollkommen neue Ausstrahlung, die Resonanzen, also das, was du in der Welt der Erscheinungen verursachst, ändert sich komplett oder fällt einfach von dir ab. Dabei fallen ebenso allerlei Gewohnheiten in der Form weg, dass sie verdampfen. Du weist nicht mehr, warum du sie jemals hattest oder was daran schön war. Das gilt für Essen, Trinken, Schlafen, Feiern, Liebe machen und so weiter.

Damit verändert sich oft auch die gesamte Umgebung. Die bisherige Tätigkeit kann meistens auf Dauer nicht mehr ausgeführt werden, weil sie als leer oder vollendet empfunden wird. Sie gehört nicht mehr zu dir und etwas anderes, eine Art Berufung tritt an diese Stelle. Diese ist manchmal so weit von dem bisherigen Tun entfernt, das es schon abenteuerlich anmutet, die entsprechenden Schritte überhaupt zu denken, geschweige denn, sie geschehen zu lassen. Du weist aber innerlich genau, dass du dabei sicher und geborgen bist, mehr als durch Geld, Stellung, Macht und Ansehen. Du bist im reinen Sein, ohne etwas dazwischen.

Alles, was bisher künstlich an diese Stelle gesetzt wurde, löst sich mit auf. Alles, was bereits echt als zu dir gehörig war, bleibt bestehen.

Es ist also letztlich eine Art Auflösung der künstlichen Welt, die unser ICH für uns in der Welt der Erscheinungen gebaut hatte. Dabei ist der alte Weg der Askese nicht zwangsläufig, es geht darum nur bedingt.

Du musst keine bestimmten Voraussetzungen erfüllen, um dort anzukommen. Es geht lediglich um die Lösung von Ängsten, Wünschen und Anhaftungen, mehr nicht. Um den Aspekt noch mal zu betonen. Du verzichtetest nur auf dein Vetorecht, der Rest geschieht von AllEin. Die bekifften Drehbuchautoren schreiben alles so auf, wie es für das Erleben benötigt wird. So bleibt der alte Aspekt der Anstrengung, des harten Weges, des großen Kampfes überwiegend ebenso leer. Er findet so nicht statt. Du kannst das nicht machen, du kannst das nicht finden, denn es ist bereits in dir und findet dich, zumindest als Möglichkeit, die du wahrnehmen darfst.

Oft verändern sich damit auch die Beziehungen, weil sie sich im Moment des Erlebens vollenden. Sie haben keine Zuständigkeit und keinen Inhalt mehr. Es muss aber nicht so sein, es sind eben nur Erfahrungen oder Abdrücke dieser Entwicklung.

Vielleicht kreierst du einen ganz neuen Erlebensweg in dieser Welt und erfährst es in der Ausprägung wieder anders. Zumindest ändert sich durch die neue Wahrnehmung so viel, dass von deinem alten Leben nicht viel übrig bleibt. Das kann durchaus als schmerzlich empfunden werden, aber in der Auflösung wird auch dieser Schmerz als heilend erfahren. Alles ist genauso in Ordnung, wie es in diesem Moment eintritt. Kaum zu glauben, welche Erleichterung das letztlich in dir bewirken kann.

Dein Leben oder vielmehr dein Sein findet eine ganz neue Form, die insgesamt als fließend empfunden wird. Viele gewohnte Muster, die scheinbar zu dir gehörig waren, sind dann ebenso nicht mehr da. Dabei wird eben alles neu erlebt und dieses Erleben ist rein menschlich gesehen mit Zeit und Raum verbunden und wird oft erst allmählich integriert.

In der Kundalini Auslösung geschieht es immer wieder, das Betroffene mit einer Persönlichkeitsstörung in der Psychiatrie landen, weil sie und ihre Umgebung von diesem vollkommen neuen Erleben einfach überfordert sind.

Im Ausland gibt es mittlerweile Spezialkliniken für diese Erscheinungen, die einen ganz anderen Ansatz dazu vertreten.

Bei der Auflösung ist es in meiner Erfahrung etwas anders. Es ist, als wenn du für die anderen Menschen in zunehmender Tendenz unsichtbar wirst. Nicht etwa, weil du dich in diesem Vorgang physisch auflöst, sondern weil dein Bild, die Person in ihrem Tun nicht mehr gesehen wird. Wenn das Prinzip von Ursache-Wirkung für dich selbst nicht mehr vordringlich ist, verlieren viele der Spielregeln des Patriarchats ihre Bedeutung. Damit wirst du für die anderen unberechenbar, unsicher und letztlich versuchen sie, dich innerlich einfach auszublenden, sich vor dir zu schützen.

Damit wirst du für sie einfach unsichtbar, was ein durchaus angenehmer Zustand sein kann, denn genau so waren wir doch als Kinder in unserer versunkenen Welt unsichtbar für die Erwachsenen.

Damit bekommen wir auch im Außen große Freiheiten, wir werden mit vielen normalen Fragen nicht mehr belästigt, sie verlieren die Zuständigkeit.

Dieses ganze Erleben kann ein wenig Zeit in Anspruch nehmen, es spielt keine Rolle. Aber was ist mit meinem Haus, meiner Arbeit und meiner Familie, wirst du fragen. Nichts, große Teile des Films laufen unbeirrt weiter, und wenn die Zeit reif ist, ergeben sich die Veränderungen in einer durchaus machbaren Form von ganz allein, du brauchst dich nicht darum sorgen. Es geschieht so, wie es in einer übergeordneten Sichtweise notwendig ist, mehr nicht.

Tatsächlich erzählt der Esel auch diese Geschichten, von Ängsten, Zukunftssorgen und all diesem Inhalt, der uns vom Sein trennt. Sie dringen aber nicht zu dir durch, sie werden als Teil dieses Schauspiels gesehen und erlebt und verlieren zunehmend ihre existenzielle Bedrohlichkeit, denn was sollte dir geschehen, wenn du nicht mal dafür Sorge tragen kannst, dass du atmest?

Das Erleben daraus befreit sich dabei zunehmend, es kann wie gesagt unmittelbar gänzlich eintreten, wie eine Art Häutung oder Metamorphose oder wie bei einer Raupe auch über Zeit, in einem sich selbst verdichtenden Erleben. Eines ist nicht besser als das andere, beides ist möglich.

Im unmittelbaren Erleben, also ohne angebliche Vorgeschichte, ist die Umsetzung manchmal einfacher, weil sich der hier beschriebene Prozess unmittelbar komplett ereignet. Es ist dann die typische Wiedergeburt, von der auch im Christentum oft gesprochen wird.

Ganz viele Auflöser kommen aber bereits mit religiösen Themen verbunden auf die Welt. Sie erleben dann in ihrem Aufwachsen strukturierte Ausprägungen davon, lassen diese im Erwachsenenalter los, um daraus in der Mitte des Lebens eine wie auch immer geartete Auflösung zu erleben.

Über die einzelnen Aspekte, beispielsweise die energetischen Vorgänge im Körper, ließen sich ganze Bücherreihen schreiben. Deshalb bleibe ich hier bei oberflächlichen Beispielen wie der bekannten Kundalini Auslösung, dem Tantra oder meinen ganz persönlichen Erfahrungen dazu.

Dein gesamter Körper, mit allen Schichten, wird dabei transformiert, also auf eine andere Schwingungsebene gehoben. Auch das geschieht einfach, kann aber für den Einzelnen eine gute Unterstützung im Erleben sein.

Dabei sind Hilfsmittel immer wieder willkommen, haftet das Bewusstsein doch daran an und verdichtet damit den Prozess immer weiter. Der Markt ist voll mit Hilfsmitteln, ich empfehle dir nichts davon, du findest die zuständigen selbst heraus. Eigentlich benötigst du dazu natürlich überhaupt keine Hilfsmittel, da alles in dir bereits enthalten ist.

Mein einziger Hinweis ist "Das Wasser des Lebens", also dein eigener Urin, der tiefe Geheimnisse enthält und über 4000 Stoffe beinhaltet. Dieses kongruente Hilfsmittel ist vorhanden, hochwirksam, energetisch wunderbar und unterstützt dich bei der Findung. Man nannte es früher auch das Getränk der Götter. Dazu ist es kostenlos und überall verfügbar, in der für dich notwendigen Form. Ein großes Geschenk der Natur.

Kommen wir zu einer Sichtweise, die sich aus diesen gesamten Erfahrungen ergibt. Zu dieser Sichtweise gibt es einiges an Literatur. Die Alten nannten es pure Präsenz, ich nenne es mit meiner Konzeption aus der Betreuung von demenziell Erkrankten – "Einfach-da-Sein".

Lösen sich die bekannten Ursache-Wirkungsmechanismen in dir auf, bleibt ja trotzdem irgendeine Wahrnehmung bestehen. Es ist das Sein im Jetzt, oder eben einfach da sein.

Viele Sucher, ich selbst genauso, erlebten vor der Auflösung eine magische Phase. Ich habe in dieser Phase mehr als 100 Methoden aus der Alternativ- und Energiemedizin erfahren, erfolgreich angewendet und wieder losgelassen. Dabei geschahen immer wieder Vorgänge, die wir klassisch als Heilung bezeichnen. In der magischen Phase waren diese Heilungen etwas Großes, natürlich verbunden mit Methoden, Techniken und Gerätschaften, die von einem bewussten Menschen im Sinne der magischen Gesetzmäßigkeiten dieser Welt eingesetzt wurden. Natürlich Zum-Besten-des-Ganzen, versteht sich von selbst. Das ICH empfand diese Zeit als golden, außerordentlich schön und bunt.

Jeden Tag wieder neue Möglichkeiten, Dinge zu testen und tolle Erfahrungen zu machen. Also ich habe mit der Methode so und so diesen und jenen Menschen geheilt, ist das nicht unglaublich schön?

Natürlich habe ich eine Menge Energie dafür aufgewendet, unendliches Erfahrungswissen produziert – grins – und viele berührende Kontakte gehabt. Es war einfach die Vollendung der magischen Phase. Heute werden immer noch Teile davon angewendet, doch das Erleben hat sich gänzlich verändert.

Die Dinge werden getan, weil sie eben getan werden, mehr nicht. Heilung tritt ein, da die Zeit reif ist und das entstehende Bild ist ein mystisches, also ein wunderbares, unerklärliches Bild tiefen Erlebens, mehr nicht! Ob ich die Inhalte im eigentlichen Sinne verstehe, willst du wissen? Es ist unerheblich, es zu verstehen, es ist lediglich berührend, es zu erleben. Wir kommen gleich zu zwei Bildern, die ich kurz beschreibe, um von den hier skizzierten Modellen eine kleine Vorstellung zu bekommen, denn ich habe gesehen und erfahren, wie die Krishnamurtis zu sagen pflegen.

Mein Gefährt in dieser Welt, der kleine Franki, war ein typischer Lichtjäger. Als Kind in den Zaubertrank gefallen, wie meine Umgebung immer wieder bemerkte. Alles war immer einfach, erfreulich, strahlend und oft nahezu perfekt, mehr nicht.

Das sollte sich ändern, als ich meine Dualseele, meinen Halbkugelteil traf, der mich aus heiterem Himmel heimsuchte. Ich kannte sie schon dreizehn Jahre (13 – der Neubeginn), als es geschah und wir lebten diese kosmische Liebe voll aus. Über diesen Teil habe ich wirklich bereits sehr viel geschrieben, ich überfliege ihn nur.

Ich hatte aber auch eine tolle, ehrlich tiefe Liebesbeziehung zu meiner Ehefrau Astrid, die ich zu dem Zeitpunkt über 20 Jahre kannte.

So rutschte ich in diesem Zusammenhang in einen für mich ganz persönlich unlösbaren Zwiespalt, der dem genannten auslösenden Ereignis entsprach.

Das erste Mal in meinem Leben wusste der kleine Lichtjäger Franki nicht weiter, alle bisherigen Grundlagen verdampften in diesem Zusammenhang und lösten sich auf.

Es waren Monate, die irgendwie einer inneren Zerrissenheit entsprachen, bis sich diese in einem bestimmten Bild auflöste.

Wir machten gerade einen Spaziergang, meine Frau und ich, an einem Natursee in der Gegend, da kamen sie. Es war Frühling und die ersten Graugänse, ein Pärchen, kam lautstark schnatternd in einer großen Kurve auf den See zugeflogen, um wie jedes Jahr ihre Brut dort groß zu ziehen.

Sie flogen also in diesem Bogen auf den See zu, es war sonnig und windstill, eine glatte Oberfläche auf diesem tief dunklen, fast violett schimmernden Moorsee und da landeten die beiden. Dieses Bild strahlte tiefen Frieden, reine Freude, echte Glückseligkeit und eine vollkommene Ordnung aus, es enthielt Liebe. In der Betrachtung dieses Bildes wusste ich unmittelbar, dass mein Problem mit der Situation nur in meinem Kopf existierte. Es hatte sich während dessen unmittelbar aufgelöst.

Ich liebte zwei Menschen und es gab sicher eine charmante Geschichte der bekifften Drehbuchautoren dazu, die dieses abbilden konnte. Ich rief also meine Dualseele an und berichtete nur von dem Erleben, denn Antworten auf irgendwelche Fragen hatte ich dort nicht gefunden.

Es war nicht der Verstand, der berührt worden war, es war das Herz oder alle Herzen, mehr nicht.

Dabei bin ich grundsätzlich bodenständig, einfach, geradeaus norddeutsch, wie man sagen würde und dieses Wissen suchte mich einfach nur heim.

Später lebten wir auf Vorschlag meiner Frau zu dritt, aber auch das war nur eine Episode in dem verrückten Spiel des Lebens, welches im reinen Sein erfahren werden darf.

Die zweite Geschichte ist dann etwas konkreter und für mich durchaus mit diesem ersten Erleben ebenso direkt tief verbunden.

Aus dieser Dreierbeziehung, wie ich es formulieren würde, entstand unser drittes Kind, der ganz süße Nachzügler Neo, auch HerrZwuck genannt, der mit seiner Trisomie ein Abbild dieser Beziehungsform ist. Ich will auch hier nicht auf Details eingehen, da ich dies schon anderweitig getan habe.

Wie es bei Kindern mit Down-Syndrom gehäuft der Fall sein soll, hatte unser Kleiner von Geburt an einen Herzscheidewand-Defekt.

In meiner analogen Sicht der Welt eine Aufhebung der Dualität, nämlich eine Verbindung von linker und rechter Kammer von ca. 10 mm Größe.

Der Kardiologe wies uns beim ersten Besuch darauf hin, dass erst mal insbesondere der Druckunterschied zwischen den Kammern für den kleinen und den großen Kreislauf physiologisch sein müsste.

Er deutete damals die Notwendigkeit einer Operation an, wenn sich dies so nicht einstellen sollte. Ich sagte daraufhin unmittelbar, dass eine Operation wohl nicht nötig sein würde.

Wenige Wochen später erinnerte sich der liebe Kardiologe daran, als er in seiner Glaskugel vertieft (Sonografie) das Herz untersuchte. Das Loch zwischen den Kammern war zwar gleich groß geblieben, aber der Kammerdruck stimmte und unserem süßen Neo ging es blendend, er gedieh gut.

Der liebe Arzt sagte etwas wie „Komisch, sie hatten ja schon gesagt, dass eine Operation nicht nötig sein wird".

Monate später, unser HerrZwuck näherte sich seinem ersten Geburtstag, war die Situation immer noch ähnlich, aber unser lieber Kardiologe bekam langsam kalte Füße. Um den ersten Geburtstag herum werden diese großen Defekte wohl üblicherweise operiert und er überwies uns zur Einholung einer zweiten Meinung an einen weiteren Spezialisten an einem Herzzentrum.

Ich wiederholte wiederum, dass eine Operation sicher nicht nötig sein würde.

Unterdessen beschäftigten mich mal wieder Ideen aus der magischen Zeit und ich erwarb einem inneren Wissen folgend einen leistungsstarken Orgonstrahler sowie einige Klanggabeln, die ich zusammen mit anderen Ansätzen zur Heilung einsetzen wollte.

Der Weg ging hierbei nicht über irgendetwas Diffuses, sondern über die Vorstellung, die Zellen mit einem physikalischen Versuchsaufbau auf DNA-Ebene zum Wachstum anzuregen. Also die Naturwissenschaftler werden jetzt wahrscheinlich glauben, ich sei völlig verrückt. Sie kommen damit wieder einmal der Erkenntnis des tatsächlichen Zustandes etwas näher.

Also bestrahlten wir wie üblich ein Foto unseres süßen HerrnZwuck mit allerlei Informationen. Es waren insgesamt sicher mehr als 20 Inhaltsstoffe, die in meiner Denkwelt ein Abbild dieser Heilung darstellten.

Neo bekam Fieber, schlief mehrere Tage tief und versunken, erlebte danach eine Art Ausleitung über die Haut mit vielen roten Punkten und ebensolchen Flecken. Aufgrund des Fiebers wurde der Termin im Herzzentrum einmal verschoben.

Wenige Wochen vor diesem Erleben hatte unser Kardiologe das Loch mit etwa 8-10mm gemessen, was ihm, wie gesagt, Sorgen machte.

Nach etwa 5 Tagen Dauerbestrahlung mit diesem starken Orgonstrahler setzten wir die Behandlung ab und alle Symptome klangen danach innerhalb weniger Tage langsam aus. Es dauerte dann noch etwa eine Woche, bis der Termin im Herzzentrum stattfand. Dort das Übliche, EKG, Gewicht und Größe messen. Dann kam endlich der Spezialist für diese Krankheiten mit seinem Sonografiegerät an die Reihe.

Ein erster Blick und seine Worte waren „Oh, der Körper versucht wohl gerade, die Stelle zu schließen. Es sind aktuell ungefähr 3mm, ich empfehle eine Beobachtung, eine Operation wird nicht nötig sein und wenn, könnte man dieses kleine Loch über einen Katheter schließen. Es sieht so aus, als würde es sich sowieso von ganz alleine schließen".

Kommen wir zu dem präzisen Punkt, warum ich genau dieses Erleben in dieser sachlichen Verdichtung erwähne.

Gemeinhin könnte man jetzt sagen, ein Orgonstrahler gefüttert mit bestimmten Phonophoresefrequenzen und allerlei Beiwerk habe wiederum eine Heilung begünstigt, vielleicht sogar bewirkt.

Der kleine Franki hat also für seinen Sohn in größter Hingabe und natürlich mit viel Wissen einen kompletten Denkansatz entwickelt, den man wohl gut und gerne auch bei anderen Herzerkrankungen ähnlicher Art einsetzen könnte, oder blablabla.

Jetzt im Nichts Ganz Sein bedeutet hier zu sehen, dass ein Wunder eingetreten ist.

Ob es sich um einen schlauen Schachzug von Franki handelte, Neo einfach sein Herz heilte oder seine Mutter Astrid dies mit ihrer Liebe bewirkte oder gar der Kardiologe eine Heilung hineinschaute, ist vollkommen irrelevant.

Die Wirkung Heilung trat ein, warum auch immer. Der Strahler, die Ideen und alle anderen Ansätze sind Abbilder dieser Heilung. Also, ob da zuerst die Heilung war, oder der Strahler oder was auch immer – es ist egal und ich weiß es nicht. Genauso wenig wie ich weiß, wie lange ich selbst hier in dieser verrückten Welt verweilen werde. Es ist einfach vollkommen in Ordnung, mehr nicht.

Ich erzählte diese Geschichte genauso immer wieder einmal und viele Menschen verstanden es nicht. Bis zu dem Orgonstrahler, den Gedanken und der Wirkung fanden sie es phänomenal, aber dann?

Sie verstanden es nicht, weil es daran Nichts – grins – zu verstehen gibt. Im reinen Jetzt ist es auch irrelevant, ober eine Gerätschaft dafür beschafft wurde. Es wurde einfach getan, was vorgesehen war, mehr nicht.

Dazu gehört letztlich auch das Wissen, dass eine notwendige Operation ebenso in Ordnung hätte sein können, sie war bis jetzt nur nicht darin enthalten. Ich lege sehr viel Wert darauf, diesen Punkt ganz präzise zu beleuchten, also Licht ins Dunkel zu bringen.

Eine Frequenz der Phonophorese war Mi, die Frequenz der Wunder genannt. Wunder sind immer zu erwarten, ein Glücklicher, der sie erkennen kann. Ich würde heute besser sagen, ein Glücklicher, der sie einfach annehmen kann.

Wenn Wunder wieder Wunder sein dürfen, wenn die Welt nicht in Abschnitte zerteilt werden muss, die dieses ganz einfache, komplette Erleben eher zerstören als erklären, dann sind wir wieder ganz dicht an unserer Kindheit angekommen.

Damals dürften wir das Leben in ganz naiven Annahmen wunderschön erfahren. Es war manchmal ganz rein, ohne Trennungsgefühl.

Für einen Freund

Das Leben ist erst lang,
man ist noch gar nicht bang,
wie´s weitergeht versteht man kaum
und diesen Raum,
der Erde wird genannt,
hat man gebannt,
im Herzen herrscht noch Ruh,
die Tür geht auch nicht zu,
Interesse hat das Kind
und ganz geschwind,
erfasst wird alles mit viel Hast
die Ungeduld verblasst,
erst später gar.

So wächst man auf,
kommt erst mal gar nicht drauf,
was hier geschieht in dieser Welt,
und dieses Dunkel sich erhellt,
ganz anders erst. Gelernt wird alle Hand,
vom Himmel an die Wand,
wird Wissen hier gelehrt,
am Ende ganz beschwert
sind Herz und Hand,
nur der Verstand,
wächst scheinbar immer mehr,
wo kommt die Leere her?

Der Mensch wird immer größer
und auch schwerer,
die Last kommt immer näher,
wie war das Kind so frei und schön,
es konnten alle sehn,
es war so niedlich und so fein,
so wollten alle sein
und was ist draus geworden,
wie konnten wir das Kind ermorden,
warum dürfte es nicht bleiben so,
es war´n doch alle froh?

Erwachsen sollt es plötzlich sein,
nie wieder klein,
auf einer Ebene sprechen,
nie wieder brechen,
Tabu und Fragen mancherlei,
nie wieder frei
die Emotionen fließen,
nie wieder Tränen hier vergießen,
nie wieder fröhlich und geborgen sein,
nie wieder kehren ein,
in dieses Paradies im Herzen,
wo leuchten doch die Kerzen,
von violettem Schein!

Warum muss das so sein, wer hat´s gesagt,
warum hast du nie mehr gefragt,
warum gelernt zu schweigen,
ein Diplomat im Reigen,
der anderen Menschen um uns her
und dann versucht,
so manchen Tag verflucht,
die Lüge hier auf dieser Welt,
die uns so quält,
verstehen kann es keiner,
der noch viel kleiner,
als diese Großen hier
auf dieser Welt.

Und hinter den Strukturen,
sind viele Kreaturen,
die waren mal von gutem Herzen,
bis einer hat die Kerzen,
gepustet aus mit großem Wind,
und ganz geschwind,
wurd weggeblasen diese Welt,
ersetzt durch Gut und Geld,
dazu ein wenig Macht,
die scheinbar Ruhe schafft
und alles schien so klar,
man war sich selbst so nah.

Doch die Verbindung zu den Welten,
die auch bei uns hier gelten,
riss ab und es wurd kalt und leer,
soll dies des Menschen Lösung sein,
nie wieder kehren ein,
in diese Einheit hier hinein,
Paradies es einst genannt,
was damals jeder fand,
der schauen konnt
mit dem dritten Aug!

So müssen wir erfahren,
Erlerntes zu entwirren,
befreien von den Irren,
ist schwer und plötzlich sehn wir ein,
als wir war´n klein,
ging alles dieses einfach hier,
der Himmel gab es mir und dir
und haben einfach nur vergraben,
all diese Wahnsinns Gaben,
versteckt
hier unter all dem Dreck.

Und dieser Dreck ist weit bekannt,
wird hier verehrt,
obwohl gar keinen Wert,
es schreien alle Menschen auf,
die Macht, der Egoismus, die Geltung
und alle diese Werte,
der Himmel schneidet ab mit einem
Schwerte,
wenn reif ist diese Zeit und dann beeilt,
sich jeder gar sein Kind zu finden,
sich noch mal rück ganz zu verbinden.

So rat ich dir,
befrei das Tier,
schick es zurück zum Himmel,
dann wird in dem Gewimmel,
auch dieses Kind befreit
und jeder kann dann sehen,
wird mancher gar verstehen,
wie einfach diese Lösung ist,
wir haben es so sehr vermisst,
das Kind kehrt Heim,
kann wieder sein,
wie es mal war.

Nur das Bewusstsein mit Erfahrung gleich,
ist ähnlich wie die starke Eich,
kann fliehen hier aus diesem Kreis,
in dem es wird allmählich heiß,
das Kind nimmt alle diese Dinge,
verlässt hier diese Ringe
und rück verbindet sich aus diesem Kreis,
weil es dies alles weiß,
hinauf und weg, zurück,
das nennt man Religion,
wie schwingt doch dieser Ton!

Ich fordere dich ganz persönlich dazu auf, nicht etwa besser und mehr verstehen zu wollen, was unverständlich ist und nicht etwas reproduzierbar zu machen, was einzigartig angelegt ist, sondern loszulassen.

Es verstehen zu wollen oder zu reproduzieren ist leer und mindert den Zauber, der darin enthalten ist. Der Rest ist dann nur noch ein Garant der Mittelmäßigkeit, mehr nicht. Kannst du diese Stelle fühlen, wie dieses EinsSein mit dem Leben eine zauberhafte Wirkung entfaltet, die weder erklärt noch in Versuchen reproduzierbar abgebildet werden muss?

Was fehlt deinem Herzen, wenn du es nicht fühlen kannst, ist es Liebe, Liebe zu dir und deinem Sein?

Verblüffend übrigens, wie der wirklich liebe Kardiologe, den ich sehr schätze, immer wieder vor seiner Glaskugel sitzt, ohne an dem Inhalt auch nur irgendetwas tun zu können. Er beobachtet das Ganze lediglich, mehr nicht.

Dazu ist er jedes Mal verblüfft, nein, verwundert, wenn er in dieser Form Kontakt mit dem reinen Sein im Jetzt erhält. Er hat ganz gut mit uns zu tun, würde ich sagen. Ich schickte ihm damals auf die Bemerkung hin, dass er langsam kalte Füße wegen des Herzdefektes bekäme, zwei kuschelige Körnerschuhe. Er schickte sie mir umgehend mit der Bemerkung zurück, er sei ein ausgesprochener Warmfüßler.

Ich mag ihn einfach sehr und er gehört genauso zum Bild, wie alle anderen Teile auch, nicht mehr und nicht weniger. Das Bild bleibt dabei unteilbar.

Dieses eine Bild ist es, worum es hier im Jetzt geht. Es gibt nichts anderes und diesen Punkt werde ich noch ein wenig verdichten, denn hier genau liegt die Stelle des Erlebens, die wir im Laufe unseres Lebens in uns verschließen.

Als wir klein waren, im Alter vor der Schule, da war diese Welt für uns jeden Tag ganz offen, wir versanken förmlich darin und oft waren es Tage voller Wärme und Fluss, die wir damals erlebten. Aber auch im Erwachsenenalter begegnen uns immer wieder Dinge, in denen wir vollständig versinken.

Auto fahren, Motorrad fahren, aber auch Computer Meditationen gehören durchaus auch dazu.

Kennst du den Zustand, wenn du morgens eigentlich gut ausgeschlafen noch in deinem Bett liegen bleibst, um irgendwie vor dich hinzudösen? Ich resete dann oft den Kopf, denke für einen langen Augenblick gar nicht und freue mich darauf zu beobachten, welcher Impuls zuerst auftaucht.

Meistens sind es in so einer Situation ein oder zwei Hinweise, die ungeheure Energie und Wirkung besitzen. Es ist die vollständige Zuwendung an eine Sache, die diese zu einer wundervollen einzigartigen Welt des Erlebens macht.

Ich habe früher oft mit meiner Tochter Fabienne über ihre luziden Träume gesprochen und sie gab immer den Hinweis, dass man nach dem Ausschlafen nochmals ganz in dieser Welt versinken solle, um wirklich vollständig zu erleben. Aber dazu haben viele Menschen gar keine Zeit. Sie müssen ja schließlich jeden Tag funktionieren, wie eine Maschine, was der Tag auch bringt, sie laufen rund, auch wenn sie längst unrund laufen.

Wenn das Loslassen müssen eintritt, dann ganz sicher von Außen, als Krankheit, Zusammenbruch oder irgendetwas in dieser Art und dann kann man eben nichts daran tun.

Wenn du Jetzt im Nichts Ganz Sein möchtest, wenn du eine tiefe Sehnsucht danach hast, dann schaffe einfach Raum für diesen Vorgang oder lass es zumindest geschehen. Impulse gibt es jeden Tag aufs Neue, wenn du sie wahrnehmen kannst.

Zum luziden Träumen gibt es eine so einfache Anleitung, dass du dir ebenso viele Bücher und tief greifende Techniken ersparen kannst. Du beobachtest einmal in der Stunde deine Umgebung, du schaust nach Farben, Schatten, Abweichungen und hörst Geräusche. 10-12mal über den Tag machst du diesen Realitätstest. Nach spätestens einer Woche wirst du die ersten luziden Träume, also Klarträume erleben, weil du nachts ebenso testest und die Abweichungen dir sofort den Traum verraten. Viele Erlebnisse in dieser Welt der Erscheinungen sind einfach da, sie sind zugänglich und müssen eben nicht mit komplizierten Techniken umgesetzt werden. Es wird nichts besser dadurch, sondern einfach nur komplizierter.

Je mehr du diese innere Kongruenz mit deinem Leben zulässt, desto mehr Situationen treten ein, die dieses Erleben unterstützen. Ich habe sie am Anfang teilweise als die Erfahrung der eigenen Schatten geschildert, später an dieser Stelle sind sie nur noch verrückte Wegbegleiter, die du sehen kannst. An dieser Stelle springt das Erleben auf gänzliche Akzeptanz um, Alles, was dir begegnet, ist plötzlich ganz in Ordnung, dir entsprechend, egal, wie es für andere aussehen mag.

Gänzlich akzeptierend sein bedeutet, nicht mit demjenigen zu hadern, was momentan in Erscheinung tritt. Es bedeutet, es nicht zurückzuweisen, oder es zurückzuwerfen, oder von ihm wegzulaufen, sondern, es zu begrüßen, es zu halten, es zu lieben, als wäre es dein Eigenes. Weil es das Deine ist.

Wenn deine Erfahrungen der Auflösung so weit entwickelt sind, ist es oft nur noch amüsant, die verschiedenen Ereignisse und Abfolgen dazu zu sehen. Es wird immer wieder angenommen, so ein Auflöser müsse vollkommen ausgeglichen, nur noch liebevoll und frei von jeglichen Problemen sein. Auch das erweist sich im Erleben als durchaus vollkommen anders.

Die Probleme im täglichen Leben sind in normaler Frequenz vorhanden und auch die eigenen Reaktionen dazu sind eben nicht immer einem Ideal entsprechend, aber das gesamte Erleben wird als vollkommen in Ordnung betrachtet, sogar als alternativlos in Ordnung. Die Wertung dessen, was ist, bis hin zur eigenen Person, ist aufgelöst.

In den letzten Wochen hatte unser kleiner mittlerer Sohn Giulian als Beispiel immer wieder Probleme mit seiner Ausbildung. Es sieht so aus, als würde er diese, trotz sehr guter Rahmenbedingungen, mit viel Reibung nach 2 Jahren ohne Not nicht abschließen.

Natürlich berührt mich das in Teilen ganz normal und ich ärgere mich manchmal über sein Verhalten in dieser Situation. Er weicht dem Thema aus und schafft damit vermehrte Probleme, doch letztlich kann ich zu jedem Zeitpunkt sehen, dass alle diese Themen leer sind. Sie werden nur erlebt und ich gebe meinen kleinen Teil zu diesem Schauspiel hinzu, auch dadurch, dass ich mich über ihn ärgere.

In der Beobachtung wirkt das Ganze dann irgendwie nur noch niedlich. Ich fühle, wie diese Rolle, die mir doch scheinbar gar nicht liegt, von mir ganz ausgefüllt wird.

Der jeweilige Inhalt hat dabei eine vollkommen untergeordnete Bedeutung, er gehört nur zur Rahmenhandlung. Immer mehr Begebenheiten des täglichen Lebens kommen so in den Zustand gänzlicher Akzeptanz, der dabei anders zu sehen ist, als erwartet.

In der Erwartung gehen wir davon aus, dass die Reaktionen auf Erlebnisse frei von solchen Emotionen wie Ärger sind, doch diese gehören sozusagen einfach dazu und sind ebenso in Ordnung. Ein Schauspieler fragt ja auch nicht bei jedem zweiten Satz, warum dass jetzt so klingen soll und ob das nicht anders viel besser wäre.

Er füllt die Rolle einfach aus, mehr nicht. Es ist mir wichtig, diese Nuance genau zu transportieren, denn deine Erwartungen an den neuen Zustand sind oft von Glaubenssätzen geprägt, die unser christliches Bewusstseinsfeld mit sich bringt. Dabei ist es leider auch irrelevant, dass du damit nichts zu tun hast, wie zumindest die Atheisten unter uns meinen. Das Feld dieser uralten, lang trainierten Informationen schlägt gnadenlos durch und niemals kann damit etwas "zufrieden" sein.

Es ist dann dem Wesen nach wirksam, wenn auch nicht direkt zu sehen. Es scheint dabei so, als hätte es keine Auswirkung auf dich, es ist aber da. Hieraus ergeben sich tief geprägte Vorstellungen von Verhalten, Moral, Gesetz und Strafe. Wurde das Spiel von Gut und Böse gesehen, fallen diese gesamten Inhalte dem Sein zum Opfer, sie werden dann so nicht mehr benötigt. Immer wieder höre ich in dem Zusammenhang, dass dann die Welt im Chaos versinken würde.

Das ist natürlich Unsinn, oder meinst du, dein Herz hört auf zu schlagen, wenn du mal nicht so funktionierst, wie es normal erscheint oder deine Atmung versagt deswegen unmittelbar?

Die gänzliche Akzeptanz entsteht aus dem Erleben dieser Welt und ihrer täglichen Begebenheiten abseits deiner konditionierten Vorstellungen. Was man hier normalerweise doch alles besser nicht denken, fühlen oder gar machen sollte, unvorstellbar. Wird dann dieses Anderssein leiblich erlebt und innerlich neu aufgenommen, tritt eine große Erleichterung ein. Was für ein ausgesprochen schöner Zustand.

Die bekifften Drehbuchautoren schreiben dafür jeden Tag neue Inhalte, damit dieses Erleben auch Ganz sein darf. Du erfährst in der täglichen Anschauung, wie sich deine ganze Welt verändert und dieser Vorgang wird ohne tiefere Sorgen und Ängste erlebt. Emotionen wie Ärger oder tiefe Freude treten unmittelbar in Situationen unabhängig von tieferem Erleben ein, sie sind sozusagen ebenso frei und nur im Jetzt.

Du kannst plötzlich Dinge präzise äußern, die du dich früher nicht mal zu denken getraut hättest und sie werden im passenden oder eher unpassenden Moment ausgesprochen. Die Umgebung, die dieses Erleben oft nicht teilen kann, ist davon nach wie vor fasziniert bis tief beunruhigt. Diese gänzliche Akzeptanz des so Seins entzieht der Macht und Unterdrückung alle Steuerungsmechanismen.

Die sind da einfach nicht mehr drin und das hat dann manchmal groteske Züge. Ein Geschäftsfreund besuchte mich und berichtete von seinen fünf Firmenbereichen, die er aufzählte und jeweils betonte, wie gut sie im Einzelnen laufen würden. Ich ließ ihn ruhig aussprechen und fragte dann direkt, für welche der genannten Bereiche das denn jetzt wirklich zutreffen würde.

Es waren drei von fünf. Immerhin, dann war es also wirklich noch ganz gut. Die anderen beiden genannten Bereiche hatten wirtschaftliche Schwierigkeiten.

Ein solches Gespräch ist in Politik und Geschäftsleben, aber auch privat eigentlich unvorstellbar, wo kämen wir denn hin, wenn einfach die wahrhaftige Situation benannt werden würde? Das gehört sich nicht, schon gar nicht, wenn wir von unserem Erfolg sprechen, den wir doch so schön gemacht haben. Es sind solche winzigen Erlebnisse der Ehrlichkeit, die diesen Weg so wahnsinnig schön und fließend gestalten. Dieses Erleben ist auf alles übertragbar. Was würde wohl geschehen, wenn wir im Bewusstsein gänzlicher Akzeptanz immer das sagen würden, was wir gerade fühlen?

Ein Vorschlag wäre als Einstieg, einen Tag lang alles zu sagen, was wir gerade denken. Es wäre aber so was von erheiternd, denn diese ganzen Gedanken sind doch oft wirklich so komisch, dass unsere ganze künstliche Welt des eingeübten Verhaltens sofort in sich zusammenfallen würde. Kurzschluss oder Error nennt man das heute wohl.

Gänzliche Akzeptanz bedeutet, das zu jeder Zeit tun zu können, denn die innere Kongruenz mit der Rolle, mit unserer Aufgabe gibt das Wissen, dass daraus nichts Nachteiliges erwachsen kann. Du könntest vielleicht deinen Job verlieren, wenn du konsequent handelst, wie du fühlst. Du könntest deinen Partner verlieren, weil du feststellst, dass die Beziehung leer oder vollendet ist. Du würdest aber sehr viel Energie und Lebendigkeit erleben, die dich zu ganz neuen Dingen beflügeln würden.

Allein dieser kleine Absatz ist wie ein Abdruck in dir, der wirksam werden kann. Die entsprechenden Situationen werden frei Haus geliefert. Es geht dann sozusagen von ganz AllEin und das ist eine neue Qualität deines persönlichen Lebens.

Ich werde am Ende eine Art Weg der Auflösung aufzeigen, der in diesem Text fließt. So oder so ähnlich tritt er bei allen Auflösern ein und wird dann mit den jeweiligen individuellen Inhalten gefüllt. Du darfst es zulassen, wenn du es fühlst.

Kommen wir zu einem fast grotesken Kapitel der Auflösung. Das ICH, welches sich fast aufzulösen schien, kommt mit einem Taschenspielertrick zurück.

Immer wieder übernimmt das ICH das Konzept der ICH-Aufgabe. Es tut dabei so, als sei es nicht mehr da und freut sich an dieser Idee. Durch diesen Trick kann es sich ziemlich sicher sein, dass es überlebt. Was ist also der unnennbare Zustand des wirklichen Nichts, der so schwierig zu beschreiben scheint?

Hier noch mal eine kurze Zusammenfassung. Es ist ganz einfach die komplette Aufgabe dessen, was wir für wahr hielten. Wir leben im Augenblick, ohne dass etwas dazwischen ist. Alles wird weiter empfunden und erlebt, jedoch unmittelbar. Immer beschäftigen uns ansonsten Gedanken, an denen wir anhaften. Es sind Erfahrungen der Vergangenheit, die Ideen für die Zukunft entstehen lassen und verhindern, einfach im Jetzt zu sein.

Dinge geschehen nach der Aufgabe dann überwiegend, ohne dass sie irgendeine Bewertung finden. Wird die Aufgabe gesehen, fallen die Gedanken ab.

Sie sind nicht mehr relevant, da sie im Jetzt nicht benötigt werden. Sie dürfen noch sein, verlieren aber ihre Bedeutung.

Wir sehen im Gegenteil dazu sogar, dass Gedanken vom freien Fließen abhalten, uns in etwas festhalten, was von Angst geprägt ist. Was könnte das sein?

Alles, was wir sehen, ist das. Unsere Beziehung, unsere Arbeit, unsere Planungen, unser Besitz – es ist Alles eine Illusion, die lediglich als Spielwiese der Erfahrung dient. Da sind wir wieder an der Stelle, wo die Beobachter meinen, dass dies lebensgefährlich ist, weil ja dann alles egal wäre. Ein Trugschluss, da das, was geschieht, einfach geschieht. Es kann nicht nicht geschehen und damit ist unmittelbar klar, dass keinerlei Gefahren damit verbunden sind oder zumindest nicht mehr, als sonst auch.

Nur das uns bekannte Dasein der Prägung durch ein handelndes ICH wird anders gesehen. Solange die Aufgabe nur als Konzept besteht, wird es nicht erlebt.

Erst wenn es wirklich an die Aufgabe des ICH geht, wird gedankenloses Sein ganz empfunden.

Jenseits dessen gibt es keine Inhalte, da ist einfach Nichts von dem, was uns bekannt ist. Das nennt man lebendiges Sein, Leben im Jetzt, Glückseligkeit oder was auch immer. Durch die fehlende Identifikation sind wir im Jetzt angekommen.

Wie kommen wir dahin? Nach wie vor gar nicht, weil das ICH sich nicht konzeptionell auflösen kann, es kann nur gesehen, erfahren oder erlebt werden. Immer wird linear gedacht, obwohl das Leben niemals linear verläuft. Nichts geschieht so, wie unsere Gedanken es meinen, wir können lediglich unsere Geschichte immer wieder anpassen, mehr nicht.

Wir sprechen von Entwicklung, können aber Quantensprünge bis heute nur als Mysterium begreifen. Jeden Tag geschehen verrückte Dinge, die nichts mit unseren Entscheidungen zu tun haben. Sie sind eigendynamisch, lebendig, unberechenbar, wie das Chaos. Sie sind zu erleben. Der Verstand, die Basis unserer Illusion, erzählt uns immer etwas. Angst, alte Erlebnisse, unser ICH des Selbstwertes, Schmerz und Freude – irgendetwas ist ja immer, niemals gibt es Ruhe.

Oder Ruhe, Entspannung und Aufgabe werden als Konzept vereinnahmt – absurd. Wenn wir doch das Erleben nicht so beeinflussen können, wie unsere Geschichte es erzählt, dürfen wir es genauso gut aufgeben oder einfach erleben. Wenn es so geschieht, ist diese Erfahrung auch ohne den unmittelbaren Tod möglich.

In dieser Entwicklungsphase kommt das ICH vehement und furios zurück und erfreut sich tiefster Prägung. Es nimmt die ganze Auflösungsarie für sich in Anspruch und macht es zu seiner ganz eigenen Geschichte. Dieser Zwischenschritt scheint notwendig und viele der Sucher kennen diesen ganz verrückten Zustand.

Zum einen wurde alles erlebt, wie es vereinzelt hier und da beschrieben wurde und zum anderen wird dieses Konzept überall kommuniziert und verbreitet. Durch die Überführung in ein Konzept tritt sozusagen automatisch eine Trennung ein, der Erlebende und das Erlebnis werden selbst an diesem Punkt getrennt. Du kannst es in dieser Phase fühlen, es fühlt sich bei aller Freude irgendwie überdreht oder künstlich an, obwohl die Inhalte oft tatsächlich erlebt wurden.

Doch so schnell gibt unsere innere Instanz keine Ruhe. Der Verstand arbeitet auf Hochtouren und die intellektuellen Höhenflüge und Wortergüsse daraus muten manchmal wie richtig toller Inhalt an. Alles scheint so rund, es handelt sich also tatsächlich um den Vorgang von Auflösung oder Erlösung, aber nur in deinem Kopf. Der Verstand vereinnahmt das Erleben für sich, er erklärt dir die Auflösung. Das ICH erklärt sich selbst!

Es ist eines der verrücktesten Erlebnisse in der Auflösung, wenn dieser Moment bewusst wird. Man hat so ziemlich Alles erlebt und ist vermeintlich AllEins geworden, um festzustellen, dass dies nur ein Zwischenschritt war. Auch diese Wahrnehmung gehört irgendwie zu diesem Prozess, auch er wird später innerlich vollkommen gelöst. Was hier wie ein Einbruch in alte Muster oder wie ein Rückschritt erscheint, nannten die Alten die Erfahrung von Demut. Diese Demut ist die Erkenntnis, dass auch in diesem grotesken Erleben alles in Ordnung ist, es gehört zu deinem individuellen Weg, den du nicht gemacht hast, sondern erleben darfst.

Dieses Gefühl trägt dazu bei, innerlich tiefen Frieden zu finden. Über alle deine Schritte und das damit verbundene Dasein tritt plötzlich Ruhe ein. Diese innere Ruhe, diese Entschleunigung, ist ein typisches Merkmal für die Reifung dieses Vorganges. Ich beschreibe hier etwas, was natürlich auch aus heiterem Himmel unmittelbar direkt eintreten kann und nicht in einem solchen Weg sichtbar zu werden scheint. Beim genauen Betrachten sind die von mir beschriebenen Punkte als Wesen dieses Vorganges trotzdem enthalten, dann nur geballter und weniger offen erkennbar. Dieses Wesen des Weges oder des Erlebens der Auflösung – Jetzt im Nichts Ganz Sein – ist dieses Buch. Ein Wesen ist etwas Lebendiges, etwas Dynamisches und dieses Wesen nimmt dich mit, auf deine ganz eigene Reise, denn es ist in dir, es ist dein Sein.

Das kleine menschliche Leben dreht sich dabei nur um diese eine Frage – können wir unser Sein so akzeptieren, wie es eben ist, oder kommen wir niemals an, weil immer irgendetwas fehlt, um anzukommen? Wenn, dann… . Die gleiche Frage kann auch etwas menschlicher formuliert werden – liebe ich mich als Teil des AllEinen vollständig?

Oder auch so – bin ich mit Allem einverstanden, was in meinem Leben sichtbar wird?

Leider kann diese Frage eben nicht vom Verstand beantwortet werden, da dieser nur Strukturen erfindet, um etwas in einen vermeintlichen Sinnzusammenhang zu setzen. Die Antwort dieser Frage kann nur in einem erfüllten Leben erfahren werden.

Man spricht im Allgemeinen von Persönlichkeiten oder reifen Menschen, die genau durch das Erleben zu diesem Punkt kommen. Oft tritt nach schwierig und schmerzhaft empfundenen Phasen etwas Unbekanntes ein. Dieses Unbekannte ist das Wesen der vollen Akzeptanz, die Auflösung der Angst oder das Ankommen im Jetzt. Es ist die christliche Erlösung, die philosophische Befreiung oder das menschliche Weise werden. Es tritt einfach ein, wenn die Zeit reif ist. Es gibt keinen vorgefertigten Weg dahin.

Menschen, die dies erleben, können auf andere ausstrahlen, durch die Erfahrung ein Licht sein, mehr nicht. Man könnte auch sagen, dass dort einfach Nichts ist.

In diesem Nichts wird plötzlich gesehen, wie unwichtig unsere Meinungen und Glaubenssätze sind. Es dreht sich um das freie Erleben, die Auflösung des uns bekannten Seins. Leider hat die christliche Lehre diesen Zustand institutionell immer ins Jenseits verbannt, aus machtpolitischen Gründen übrigens sinnvoll und in der Verbindung mit Sünde und Schuld äußerst wirksam. Wird dies gesehen, begreift man den unendlichen Betrug und erlebt Ankommen, heute, hier und jetzt. Was soll das nutzen? Es ist nur schön, weil die Suche des Menschen oder sein normales Sein sich in der Tiefe fast ausschließlich damit beschäftigt, sich geborgen, geliebt oder angekommen zu fühlen. Damit löst sich die eigentliche Frage des Lebens im Nichts auf – mehr nicht!

Kommen wir zu einem weiteren Schritt im Erleben, das Sehen. Ich sehe mich, wie ich bin. Ich kann nicht alles davon fühlen, da es sich in mir auflöste, aber ich erinnere mich daran. Es konnte mir dabei keiner wirklich helfen, es war ein ständiges Herantasten, ins Neue vordringen, es löste sich letztlich in mir selbst fast wie von allein auf.

Dabei ist es teilweise durchaus auch schmerzlich gewesen, weil die Schwelle das leibliche Erleben war. Ich hatte keinen Einfluss mehr auf die Umstände. Das war für mich ganz präzise der Schmerzpunkt. Vom Gefühl hielt ich es offen, ging Spazieren, schnappte Luft, das war alles. Ich konnte nichts daran tun. Das ist der Punkt. Man nennt es Demut, Aufgabe des ICH, nur resultierte es nicht aus eigenem Tun, sondern es war ein Geschenk.

Was dem im Wege zu stehen scheint? Bei vielen ist es Angst, blanke entsetzliche Existenzangst. Es ist, wie nicht zu wissen, was morgen ist. Alles scheinbar Festgefügte zu verlieren, die wildesten Bilder zu sehen, wie neugeboren werden. Es ist sehr schmerzlich, wie die Geburt, die ebenso schmerzlich ist, weitaus schmerzlicher als der Tod.

Was benötigt wird, ist Zuwendung, ein wenig Licht, ganz unabhängig von inhaltlichen Fragen, einfach Liebe. Nicht Sexualität, Ablenkung oder Flüchten. Das kannte ich doch alles schon. Stehen bleiben und durch das Gefühl der Liebe die Kraft haben, den Punkt zu zulassen – so kann ich es beschreiben. Was dann?

Plötzlich verdampfte die Angst, alles wurde ruhig, der Inhalt war leer, einfach Nichts. Das wurde gesehen. Antworten auf die vielen Fragen – wozu? Es war nicht mehr enthalten. Ich wusste nichts, außer, dass alles Gut und in Ordnung war, wie es war, genauso. Seit der Zeit versucht der Verstand nur noch hin und wieder eine Struktur dafür zu finden und scheitert oft einfach daran. Der Rest war dann in Ordnung, mehr geht nicht!

Die grenzenlose Erleichterung, die durch die Aufgabe der Gedankenwelt entsteht, ist unbeschreiblich. Sie ist ähnlich unbeschreiblich, wie das Erleben von Liebe, die Erfahrung zu heilen oder das Erleben fantastischer Welten. Dieser Zustand der Freiheit ist genauso ein Erlebnis, wie alles, was mir im Leben als neu und faszinierend begegnet. Nicht, dass alles gleich wäre, aber im Wesen ist es so.

So scheint das Bewusstsein oder einfacher das Leben aktuell immer wieder wahnsinnige Potenziale zu haben und fordert auf, diese zu erfahren. Alles Gewinnen, alles Verlieren und niemals verzagt sein, das scheint die Zusammenfassung. Wir nehmen wahr, was wir sind oder der Beobachter ist das Beobachtete.

Sind wir frei, ist es grenzenlose Erleichterung. Die Alten sprechen dabei von Sehen, vorher war man eher blind.

Dieses Erlebnis der Sicht in die Welt ist tatsächlich ein großer Teil des Ankommens im Sein. Was da zum Ausdruck kommt, ist das unendliche Potenzial, welches in uns als individueller Teil der Quelle enthalten ist. Diese Freude will gelebt und erfahren werden, auf alle vielfältigen Arten, die unsere Welt dafür bietet. Das Sehen der Auflösung ist wie die Vorstufe zum Nichts. Es ist die Aufgabe jeglicher Anhaftung, allerdings immer noch in diesem uns vertrauten Körper, unserem kleinen Gefährt in dieser Welt. Dann folgt das Nichts!

Das Nichts, die Leere, ist nicht so einfach zu beschreiben. Es kommt, es geht und spielt dabei für das Leben eine kaum sichtbare Rolle. Das Leben geschieht einfach so, wie es eben geschieht und Nichts könnte daran besser oder anders sein. Ein Leben lang versuchen wir, dieses unerklärliche Sein durch Beschreibungen oder Geschichten so zu erzählen, dass es besser oder anders klingt, als es eben ist.

Erfahren wir dann unmittelbar, das gar kein Sinn in diesem Vorgang enthalten ist, weil es eben einfach geschieht, erleben wir das Alles, was uns im Geschehen des Abschiedes von dieser Welt, also im Geschehen des Sterbens, erwartet. Wir sterben sozusagen zu Lebzeiten, in voller Blüte und im vermeintlichen Vollbesitz unserer Kräfte. Wie sich das anfühlt?

Ungewohnt, unauffällig, fast normal. Es verursacht überwiegend nur Frieden, sonst leider nicht viel. Es gibt die Befürchtung, dass ja dann alles egal wäre – dass ist es nicht, weil ja gar keiner da ist, dem es egal sein könnte. Im Nichts ist keine Person, keine Identität mehr vorhanden. Wenn keiner da ist, kann ich auch nichts Schlimmes und Schreckliches tun, sündigen oder sonst etwas Verbotenes. Klingt komisch, ist aber so. Die Konsequenz daraus wird oft nicht verstanden, weil sie nur erlebt werden kann.

Sie gehört zu den Paradoxen, die einfach so sind. Wenn keiner da ist, kann auch keiner suchen oder erlöst werden! Wer sollte das sein? Das Leben spielt seine eigenen Rollen, sie sind grotesk wie immer, süß, schmerzlich oder was auch immer, sie sind einfach.

Die Finger fliegen über die Tastatur, viel schneller als sonst und es macht Spaß, ihnen zu folgen. Sie schreiben etwas, was keiner denkt, aber erfahren wird. Für uns als personifizierte Menschen eine erschreckende Vorstellung, die auf keinen Fall Raum greifen darf.

Sterben zu Lebzeiten, wo kommen wir denn dahin, wenn das jeder machen würde. An die gleiche Stelle, wo wir sowieso hinkommen, Alles bleibt gleich. Es macht tiefen Frieden, mehr eben nicht.

Es ist das Erleben der Illusion des Lebenssinns, der früher oder später in jedem Menschen verdampft. Auch die schmerzlich empfundene Identifikation ist damit wieder voll in Ordnung, es gibt daran nichts abzulehnen. Wer sucht, soll eben suchen und wer erleuchtet werden möchte, der soll es eben tun, es ist genauso wichtig wie Eis-Essen oder Liebe machen, nur das Erleben wird empfunden, mehr nicht! Wenn Trennung empfunden wird, dann ist es eben so, und wenn Liebe empfunden wird, dann freue dich daran. Du kannst eh nichts daran machen, denn du weißt nichts darüber, geschweige denn, dass du es in der Hand hast. Das ist einfache Lebenserfahrung, sonst gar nichts.

Wenn wir begreifen, dass wir nicht sind, was wir zu sein gelernt haben oder glauben, sehen wir die Dinge eben, wie sie sind. Bei der Selbstaufgabe als Erleben kommen sämtliche Erfahrungen hoch, die uns in der Identifikation halten. Dies sind unendlich viele, allerdings im Wesen wohl nur die drei Beschriebenen – Ängste, Widerstände und Wünsche.

Aus allen drei Bereichen schwemmen sie hoch und machen uns in der Zwischenphase der Auflösung fast verrückt, weil wir zwar wissen, dass die Inhalte nicht relevant sind, aber es fühlt sich trotzdem saublöd an. Es schmerzt einfach ohne Ende. Dabei erscheint für uns jeder Punkt als absolut real, weil er doch so weh tut. Dann rasen die Affen durch den Kopf, meinen alles Mögliche und wir drohen zu versinken, meinen, alles hätte keinen Zweck.

Man könnte zwar über den Verstand prüfen, ob die Affen überhaupt etwas Glaubwürdiges vortragen und käme dann auch schnell dazu, dass dies nicht der Fall ist, aber eine Reflexion scheint dabei fast unmöglich. Es rast einfach!

Und wieder versuchen wir darin einen Sinn zu erklären, die linke Gehirnhälfte denkt sich neuerliche Geschichten aus, wie sie es eben immer macht, damit wir uns irgendwie im Chaos noch fühlen. Dies ist der Punkt kurz vor der Auflösung, unmittelbar vor der Akzeptanz und dieser ist natürlich eine im Gefühl fast unüberwindliche Hürde.

Warum – es ist die Frage unseres Lebens und manchmal müssen wir schon für eine Berufsausbildung, eine Krankheit oder eine Beziehung Jahre investieren. Hier haben wir die christlich geprägte Vorstellung vom Paradies. Augenblicklich soll die unendliche Glückseligkeit eintreten. Dieses Ziel haben wir ja immer vor Augen, bevor wir begreifen, dass diese ebenso schon immer da war.

Die Auflösung ist nicht Außen, sondern im Herzen. In dem Zustand der Selbstaufgabe und dieses Wort sagt eigentlich alles, verlieren wir nicht etwa etwas Wichtiges, Nein, wir bekommen die gesamte Welt geschenkt! Da ist einerseits Nichts von dem, was wir mit unserem ICH meinten, andererseits Alles, was Ist. Der eintretende Zustand ist tatsächlich anders und komplett, aber eben auch anders, als wir es uns vorstellen konnten.

So ist die Phase der Autolyse, also der Selbstauflösung, eine der schönsten, schmerzhaftesten und vollkommensten, die es gibt, nur schwer, über diese scheinbare Schwelle zu gehen.

Stellt sich wiederum nur noch die Frage, ob das für uns zuständig ist? Oder ob wir mit solchen Konzepten nur unsere Langeweile dämpfen wollen, ob wir lustige Dinge erleben möchten oder ob wir uns mit der Auflösung, der Erlösung oder dem Ankommen befassen. Ein bisschen nette Erlösung gibt es wohl nicht, das war schon biblisch das große Problem der Zeitgenossen, wie dem reichen Jüngling. Möchtest du das? Oder möchtest du dich in Esoterik, Religion und der Welt nur tummeln, um eben genau an diesen Punkt nicht zu kommen.

Mensch sei dankbar für die Autolyse, lerne, den Schmerz lieben, denn er führt dich zum eigentlichen Urgrund zurück, du bist bereits da! Das Nichts ist eine der verrücktesten Phänomene des Seins. Durch vielfache Techniken wird versucht, das Nichts, die Leere zu erreichen und meistens gelingt es eher nicht. Tritt das Nichts allerdings spontan in Erscheinung, löst es oft eher Erstaunen aus, da es sich anders darstellt, als erwartet.

In der Auflösung, dem Nichts, wird oft das Paradies erwartet. Alles ist nur noch gut. Leider trifft das nur bedingt das, was erlebt wird, denn die erwartete Veränderung tritt im sichtbaren Außen erst mal nicht ein. Was ist dann das große Geheimnis hinter dem Nichts? Es ist die reale Erfahrung der Selbstaufgabe, die Auflösung der Illusion des ICH.

Immer denken wir als ICH, wollen und müssen etwas erreichen, erlöst werden, reich werden, befriedigt werden, essen oder was auch immer, bis wir feststellen, dass da Nichts ist. Es ist eben wie unser Lebensfilm, in dem wir als Schauspieler teilnehmen. Das Nichts enthält dabei als Paradox Alles, was ist und trotzdem Nichts von dem, was wir identifizieren, zu Unserem machen. Es ist einfach nur. Damit ist das Nichts Alles und eben für uns trotzdem Nichts, da wir darin nur bedingt in der uns bekannten Form existieren. Es ist wie ein guter Spielfilm, also auch nur bedingt real!

Es ist natürlich wie die Erlösung, denn Schmerz und Leid und all die haftenden Emotionen lösen sich in einer Art direktem Erleben auf. Es wird gesehen, dass es sich um etwas anderes handelt, als wir vorher geglaubt haben. Wir sind frei.

Trotzdem ändert sich der Inhalt des Filmes dadurch nicht, nur das Bewusstsein oder die Wahrnehmung für das Leben ist erlöst. Die Auswirkung ist deshalb erst mal scheinbar kaum sichtbar, denn es findet anders als bei vermeintlichen magischen Inhalten keine gravierende Veränderung sichtbar statt.

Warum sollte das erlebt werden? Erstens wird es sowieso erlebt, nämlich am Ende des Lebens oder in der Vorphase dazu und zweitens ist es befreiend, weil ohne Haftung das Leben frei erlebt werden kann.

Es ist die Auflösung aller unserer Fragen abseits der Versuche, eine Art Selbsterlösung des ICH zu zelebrieren. Diese funktioniert leider auch mit den tollsten esoterischen Mitteln nicht, weil da keine Auflösung, sondern eine immer dichtere Anhaftung stattfindet. Diese Feststellung ist aber wertungsfrei, weil das Erleben als ICH wie gesagt endlich ist und bleibt. Die Vorstellung eines unendlichen ICH ist irgendwie ja auch grotesk, weil darin ja kein Ziel enthalten sein kann. Es führt zu Nichts, also zum gleichen Ergebnis. Was ist das besondere an dem Zustand des Nichts? Es ist frei, ohne Schmerz, ohne Kummer und Sorge, also Ganz!

Ganz Einfach

Erleichtert sein, bedeutet klar zu sehen,
was da war, zu spüren, wie in einem Fluss,
dass Alles, wie aus einem Guss
gemacht und auch erdacht,
bevor wir auf die Welt gekommen,
bevor wir gar den Pakt vernommen,
es ist so einfach frei zu sein.

Die Freiheit liegt im Augenblick,
zu schieben weg den Kick,
der uns so individuell erscheint,
dabei ist nur gemeint,
Verstrickung aufzulösen,
uns einfach hinzugeben,
in diesen köstlich Ruhestand,
in der das Ich die Stille fand.

Verstand, so gaukelt er uns vor,
muss doch hinein in dieses Tor,
was uns einst vorgesehen,
wohin wir müssen gehen,
so arbeitet der Kopf die ganze Zeit
und er vereist,
uns diese Chance ruhig zu sein,
was für ein Reim.

So suchen wir, ein jeder nach Natur,
so dieses und auch jenes, leider niemals pur,
Verstrickung kommt in unser Leben,
als hätt es nie was anderes gegeben,
machen wir uns schwer das Leben.

Und viele suchen diese Kraft,
erklärn, was anderes in uns schafft,
und suchen, suchen, suchen,
finden immer neue Wege,
doch diese sind nicht Lösung
oder Ende einer Wicklung,
sondern gehn in diese Richtung,
verstricken weiter sich.

Am Ende gar der freie Geist,
ist völlig festgeeist,
die Lösung nicht mehr möglich,
die Richtung wieder ähnlich,
hinein in diesen grauenvollen Kreis,
der immer Gutes uns verheißt
und gibt nur Brot und Spiele,
für ganz ganz Tausend Viele.

So such die Ruhe hier im Jetzt,
brenn los des Eises Netz,
verlass den Kreis, sei einfach frei,
dann bist du mit dabei,
kannst schauen und bewusst erleben,
bist wie der Wein mit seinen Reben,
verbunden mit dem ganzen Stamm,
All ein oder ein gar All!

Wie mach ich das, wie kommt das hin,
schau ich nicht selbst ich bin,
lös auf, die ganze Macht,
gewinn zurück die ganze Kraft,
werd ruhig und still,
beobacht, was der Himmel will
und kehre einfach heim –
was für ein Glück ist dieses Sein!

Und was kommt dann? Der Neubeginn

Alle erfahrenden Auflöser wähnen sich angekommen, fühlen tiefen Frieden und innere Ruhe über die Verläufe dieser Welt. Wie bereits eingangs beschrieben, verweilen die meisten jedoch auch nach dem Erleben der Auflösung noch hier und gehen somit auch irgendwelchen Aufgaben nach. In gewisser Weise beginnt damit alles neu und doch ist es irgendwie auch ganz vertraut. Ich werde im Folgenden beschreiben, was das im praktischen Leben bedeutet.

Bei diesem Neubeginn versuchen viele Menschen, eine Art Kompromiss zwischen ihren Erlebnissen und dem normalen Leben zu finden. Sie möchten dabei diese tiefen Erfahrungen so integrieren, dass ihre Existenz gesichert ist. Dazu gehört ja dann doch wieder etwas Geld zu verdienen und alle die banalen Fragen dieser Welt der Erscheinungen sind schließlich auch noch da. Deswegen werden unter anderem auch Bücher geschrieben, sie sind oftmals die Grundlage für weiteres Tun.

So sagen die Kritiker natürlich sofort, dass sich gar nichts geändert hätte und das ganze Gerede von Auflösung doch wohl leer wäre, es lässt sich nicht einlösen.

Das ist insbesondere eine Frage der Perspektive. Der Auflöser erfährt, wie ohne Angst und Sorge etwas entsteht, was sein Leben in dieser Welt sinnvoll erhält. Dabei ist es für einen normal Betrachtenden undenkbar, dass darin keine größeren Phasen des Verstandes enthalten sind. Tatsächlich fließt es direkt vor sich hin und wird einfach auch genauso erlebt.

Der Beobachter sieht keinen großen Unterschied zu anderen Formen, denn diese sind ja überwiegend im innerlichen Erleben gespeichert. Kannst du dir vorstellen, deinen langjährigen gut bezahlten und gesicherten Job aufzugeben, ohne zu wissen, was die Zukunft so bringt? Kannst du dir vorstellen, dass alle deine äußeren Aufstellungen wie Besitz, Verbindung und Beziehung einfach fließend im Jetzt bewegt werden? Genauso ist es, wenn die Auflösung und das Nichts erfahren und gesehen wurden. Da ist kaum eine Bindung an diese normale Vorstellung eines Lebens in unserer Gesellschaft. Trotzdem ist das Leben äußerlich normal sichtbar.

Andere Menschen leiden augenscheinlich unter dem Druck des Lebens, sie werden krank, sind verunsichert oder funktionieren nur noch.

Im aufgelösten Zustand gibt es Nichts davon, obwohl der Betrachter doch noch ein Dasein sieht, es gerne interpretieren möchte. Es gibt nur noch einfache Fragen, die oft unmittelbar beantwortet werden und viele der ganz normalen Fragen des Lebens amüsieren mich auch nur noch. Fragte doch ein Verlag allen Ernstes, was an meinen Büchern besonders sei – ich habe sie geschrieben, was sonst. Warum sollte man meine Bücher kaufen? Man sollte sie nicht kaufen, man kauft sie und erfährt, wie das Leben sich damit verändert.

Kommen wir also noch einmal zu den berühmten Fragen der Alten, die doch als unbeantwortbar gelten. In diesem Moment beantworte ich sie wie folgt. Warum schlägt dein Herz? Es schlägt, damit ich in dieser Welt der Erscheinungen teilhaben kann, so wie es seit Urzeiten vorgesehen war. Warum atmest du? Ich weiß nicht, ob ich atme, aber mein Brustkorb hebt und senkt sich und ich erfreue mich bester Gesundheit, mehr nicht. Woher kommt der Gedanke? Der Gedanke kommt aus der Quelle. Von da stammt Alles, was war, ist und sein wird. Welche Farbe hat der Gedanke? Er ist unendlich bunt und ebenso farblos und leer, er ist nicht existent und sucht mich trotzdem auf.

Diese Fragen und viele andere werden jeden Moment neu und anders gesehen und erlebt. Die als Paradox empfundenen Lebenssituationen lösen sich ebenso in Wohlgefallen auf. Es benötigt keine wirkliche Sorge um morgen und auch keine um gestern, weil beide für dieses neue Erleben nicht relevant sind.

Mit diesem Neubeginn tritt nach einer langen, oft lebenslangen Suche oder einfach dem Leben dazu ein Zustand ein, in dem wieder ganz normal gelebt wird, wenn man das so nennen darf. Dieses ganz normale Leben ist sicher anders als vorher, aber von außen betrachtet unterscheidet es sich nicht allzu sehr von anderen Aufstellungen. Vieles ist vielleicht unkonventionell, etwas anders oder ein wenig strange, aber es ist eben alles noch da.

Dieser Punkt ist mir sehr wichtig, denn beim Neubeginn lösen sich auch die Wertungen anderer Leben mit auf. Es wurde von mir erfahren, dass alles Leben in der jeweiligen Ausprägung vollkommen und in Ordnung ist, das auch der vermeintliche Schmerz anderer Erfahrungen ebenso zum Leben gehört.

Der Kampf um Wissen, Licht und Erlösung ist damit zu Ende, es wird so vieles als beglückend einfach empfunden und die Grenzen haben sich ebenso aufgelöst.

Dabei schreibe ich diese wenigen Zeilen nicht aus dem Verstand, sondern aus dem Herzen, welches alle Teile des Gesprächs leiblich erlebte. Ich wusste keine Lösung für meine Frage, diese eine Frage. Ich liebte damals zwei Menschen und hatte keine Ahnung, was das sollte und was das mit mir zu tun hatte. Es war unbekannt, eigenartig und absolut unlösbar. Ich schlug dabei heftig durch die Käseglocke und spürte Schmerz, aber auch Freiheit und wurde infiziert.

Alle meine Gewohnheiten lösten sich langsam auf und nichts blieb davon übrig. Ich erfuhr Dinge, die ich für unmöglich gehalten hatte, und lernte dabei vollkommen neue Inhalte kennen, welche ich langsam in mir integrieren dürfte.

In dieser Zeit dürfte ich ganz viel intensive Tiefe in meinen Beziehungen erfahren, ich wurde erstmals in meinem Leben verletzlich und damit auch ganz offen, ein wunderbares Erleben, das mein Leben und mein Herz nachhaltig veränderte.

Aus diesen neuen Erfahrungen lernte ich, immer mehr in Übereinstimmung mit meinem Sein zu leben. Ich bekannte Farbe, trug plötzlich bunte Hosen und sagte noch mehr als früher, was ich dachte, wobei diese Eigenschaft nicht neu war, aber an Klarheit gewann.

Ebenso trug ich die vollen Konsequenzen dieses Handelns auf allen Ebenen und erfreute mich daran. Daraus durfte ich die Akzeptanz erfahren, die mir in vielen Situationen eine tiefe, ehrliche Freude vermittelte. Diese Akzeptanz half mir bei dem Umgang mit demenziell Eingeschränkten genauso wie bei dem Erleben der Trisomie unseres wundervollen Nachzüglers Neo, auch HerrZwuck genannt. Beide Erfahrungen vertieften mein Leben ungeheuer und waren eine Herausforderung der Freude.

Dann dürfte ich nochmals erleben, wie das ICH sich der Auflösung bemächtigte und darin eine ganz neue Daseinsberechtigung fand. Diese Anhaftung war die letzte Schwelle der Auflösung. Der Rest geschah und geschieht auch heute noch.

In der Magie, in dem Wissen des Inneren gibt es herrliche Spielwelten für dieses ICH, koste es bloß voll aus, denn irgendwann integriert es sich und ist dann so nicht mehr da. Bis dahin hast du sozusagen doppelt Spaß. Danach sah ich auf einmal unmittelbar diese ganz neue Welt, die einfach anders wahrgenommen wird. Alles ist in diesem Sehen in Ordnung, der eigene Platz mit seinem Schauspiel genauso, wie alle anderen Darsteller in ihren jeweiligen Rollen.

Grenzenlose Erleichterung tritt daraufhin ein und schenkt diesen ungeheuren Frieden, den es sonst nicht nachhaltig gibt. Das Bewusstsein befindet sich im Jetzt, im reinen Sein, wo sonst nicht mehr viel ist. Nur selten holt einen diese normale Welt ein, die Haftung kehrt nicht zurück, die alte Gewohnheit auch nicht mehr. Das Nichts greift immer wieder Raum, und wie sich die Vögel nicht im eigentlichen Sinne Gedanken um ihr Sein machen, so mache ich es auch nicht mehr. Alles wird so richtig sein, wie es sich ergibt, so wie es innerlich übereinstimmt. Ein komisches, glückliches Gefühl.

Daraus entsteht der Neubeginn, die bisherigen Tätigkeiten können nicht mehr in der alten Gewohnheit ausgeführt werden, ich funktioniere nicht mehr richtig, ich lebe und atme frei und die Energien fließen durch den ganzen Körper. Ich bin eine süße Bedrohung für die Welt und doch bin ich ein ganz normaler Teil von ihr, wie alle anderen auch, genau wie du. Der Neubeginn ist ohne Schmerz, er ist frei von Karma oder anderen künstlichen Konsequenzen dieses Seins, er ist pur und ich bin jeden Tag wieder ganz überrascht, wie die Wunder ihren Lauf nehmen. Es ist unbegreiflich, schön, berührend und so voll und ganz, dass ich bin, was ich immer war – ein Teil von Allem Sein.

Das Buch Auflösung –
Jetzt im Nichts Ganz Sein, der Abfluss

Dieses Buch wird noch einen Abschluss bekommen, bevor du eines meiner frühen Gedichte zu diesem Thema in Ruhe inhalieren kannst. Ich nenne diesen Teil Abfluss, nicht weil etwas über ist und weg muss, sondern weil es überläuft und sich ausdehnen und verbreiten darf.

Mein Buch enthält genauso viele scheinbare Widersprüche, wie alle Bücher von Auflösern. Dies kann nicht anders sein, denn aus der Ausdehnung dieser Widersprüche oder vielmehr dem Erleben und offen halten dieser unvereinbaren Erfahrungen entsteht die Auflösung. Ich fühle mich dabei zu jeder Zeit ganz normal, empfinde punktuell auch verschiedene Emotionen zu den Eindrücken des Lebens und bin ganz und gar nicht perfekt, aber zu jeder Zeit voll in Ordnung.

Diese Liebe zu mir selbst und meinem Leben war mir ebenso von der Quelle mit auf den Weg gegeben, ich empfand sie immer in meinem Leben. So ist dieses Buch doch eher ein Büchlein geworden und das ist auch gut so.

Dieses Büchlein oder besser der Abdruck meiner Auflösung soll Platz in deiner Tasche finden, gerne mit dir in deinem Leben unterwegs sein und es wird dir in ganz verschiedenen Situationen scheinbar immer wieder neue Impulse schenken, die dich berühren.

Je länger du dieses Büchlein wirken lässt, desto mehr Tiefe wirst auch du darin erfahren. Auflösung zu beschreiben ist eine eher seltene Erfahrung, die ich bereits vor Jahren machen dürfte.

In diesem Buch geht es trotz einer scheinbaren Struktur nicht wirklich um deinen Verstand, sondern um dich, dich ganz persönlich in deinem eigentlichen Sein. Ganz pur ohne die wilden Geschichten bleibt ein Wesen von dir, welches diesen einzigartigen unzerstörbaren Anteil des AllEinen, der Quelle in sich trägt. Wenn du diesen erfährst, dein bekanntes Leben sich auflöst, dann bist plötzlich und unerwartet Jetzt im Nichts Ganz und diese Erfahrung ist einzigartig in jeder einzelnen Form, unvergleichlich, wundervoll und so lebendig.

Wie immer mein bekannter Satz zum Ende dieser Erfahrung, nur für diesen Moment – ein Buch sollte nicht mehr Seiten haben, als Inhalt, sondern ebenso Ganz sein.

Hier das Gedicht zur Auflösung, welches bereits ebenso alle Aspekte vollständig enthält!

Die Blume des Lebens

Muster, tief bekannt,

so nah' und fast verwandt,

seh'n wir sie vor uns steh'n,

doch wissen nicht,

verstehen nicht den Weg,

der uns gezeigt.

Doch seh'n wir dann,

vorbei am scharfen Bild,

hindurch durch diese Schattenwelt;

den Blick versunken gar in andere Sphären,

wird uns bewusst, dass wir uns wehren.

Ganz tief im Feinen,

in Form und auch in Farbe,

entfaltet sich der volle Geist

und plötzlich gar

mit Allem gleich -

ist`s wie ein Wunder hier.

Im Augenblick begreifen wir,

das Herz ist es

mit dem wir seh'n,

und der Verstand ist fort,

fast wie ein flüchtig' Wort.

Und Freude läuft durch alle Bahnen,

hinein und auch hindurch

und dann erfahren wir,

die Schattenwelt ist leer -

ganz ohne Sinn.

Und wünschen uns,

ganz zu verweilen,

und nie mehr heim zu kehr'n

in diese Enge hier und jetzt.

Und auch das Herz und das Gefühl,

sind unbeschreiblich groß und schön

und Nichts was uns getrennt,

empfinden wir.

Ist gar zu schön

und glänzt wie Gold,

im violetten Licht

und der Verzicht

auf alles Sein,

da fühlen wir uns rein.

Und unser Atem ist so klar,

ganz ohne Körper stehn wir da, dem Himmel nah

und voller Seligkeit und Glück,

woll'n nie zurück.

Wir halten fest an dieser Stelle,

und geh'n zurück auf diese Schwelle,

verlier'n das Tor zur Ewigkeit.

Und plötzlich wendet sich der Blick,

die Schärfe kehrt zurück,

die Schattenwelt holt uns jetzt ein,

der Augenblick war viel zu klein.

Und schon scheint gar vergessen,

was eben noch besessen,

ein Schatz, der fast fantastisch schien.

Wie war das gleich,

was wir gesehn,

wie konnte es geschehn,

das unser Hologramm,

sich fortbewegt ganz ohne Bann.

Wo ist die Welt,

die uns verstellt,

das goldene Vlies zur Ewigkeit,

wie können wir, die Dinge seh'n

und wie soll´ s weiter gehen.

Ein Punkt in einem Kreis,

das ist es, was gewiß,

als Keim uns bleibt und kehrt das Herz zurück,

dann haben wir das Glück.

Und ist der Augenblick doch kurz,

so bleibt in jeder Faser gleich,

Erinnerung an des Gottes Kraft,

die Wahrheit schafft.

Und kommt zu einem Kreis,

ein weiterer hinzu und immer weiter so,

dann haben wir, die Blume hier,

die oben schon benannt.

Und gehen wir dann ganz ohne Hast

auf diesen Bahnen,

die ew'gen Wege ganz entlang,

und sehnen uns nach dieser Kraft,

kommt schon zurück der Augenblick.

Der Himmel schenkt uns diese Form

und wir, wir brauchen nur zu ruhn,

und sanft entgleiten heim,

ganz in den Geist hinein und

können lösen gar, die irdischen Gefilde.

Und plötzlich sehen wir,

ganz ohne Last,

den Himmel hier und jetzt,

das Paradies

und haben auch die Erde wieder,

wir leuchten ganz.

Das ist der Augenblick,

vereint das hier und jetzt,

die Ewigkeit,

auch Licht und Schatten,

Herz und Verstand,

die Pole schwinden gar,

wir sind vereint,

für immer da.

Und brauchen nicht mehr hasten,

sind wie Phantasten,

wie Kinder sorglos

und voll leuchtend Licht

und sind erlöst.

Und singen dann dem Himmel noch ein Lied

voll Demut und voll Dank dafür,

dass diese Gnad nicht Täuschung war,

vielmehr ein Keim, der sprieß,

verbinden ließ das Alles ganz,

wie´s einst begann.

Der Weg der Auflösung,
Jetzt im Nichts Ganz Sein

1. Auslösendes Ereignis –
   unlösbare Aufgabe, Paradox
2. Anschlagen/Durchschlagen –
   die Käseglocke
3. Übergangsphase – das Leben stellt
   sich scheinbar neu auf
4. Auflösung des Gewohnten –
   Nichts scheint, wie es ist
5. Das Leben findet eine neue, fließende
   Form
6. Bemustern, der Weg der neuen
   Erfahrungen
7. Pure Präsenz – Einfach da sein –
   Ein unteilbares Bild
8. Gänzliche Akzeptanz entsteht
9. Konzeptlos – der letzte Versuch
   des ICH
10. Sehen – die unmittelbare
    Wahrnehmung des Jetzt
11. Das Bewusstsein –
    Verschmelzen mit dem Sein
12. Nichts – Alles – Nichts
13. Der Neubeginn

Wie ich wurde, was ich bin

 Frank Reinoss, Jahrgang 1968, seit mehr als 12 Jahren in der Leitung eines mittelständischen Unternehmens beschäftigt, Familienvater, Dozent, Autor, Berater, Mensch!

Durch eine christliche Erziehung und das Aufwachsen in einer gesicherten und von menschlicher Geborgenheit geprägten Familie entwickelte sich zuerst eine berufliche Aufgabe im sozial-medizinischen Bereich.

Von einem erfolgreichen Vater, der als Heilpraktiker und engagierter Christ sein Umfeld durch seine präsente Persönlichkeit geprägt hatte, entwickelten sich meine Wertevorstellungen. Hierzu gehören insbesondere ein hohes Maß an Urvertrauen und eine fast unerschütterlich optimistische Einstellung zum Leben.

Während der frühen Aufgabe bei einem mittelständischen Wohlfahrtsverband im Bereich des Rettungsdienstes konnten sich meine Anlagen voll entfalten.

Durch Delegation von Verantwortung durch die damalige Unternehmensleitung und Begleitung bei der Durchführung dieser Aufgaben konnte ich mein persönliches Spektrum an Fähigkeiten und Kenntnissen in den letzten Jahrzehnten kontinuierlich ausbauen.

Dabei entwickelten sich durch Zuverlässigkeit, Ehrlichkeit und Kompetenz Sympathien und Akzeptanz in der Umgebung. Frühzeitig erlernte ich den Umgang mit Moderation als Führungsprinzip und dürfte diverse Projekte begleiten.

Zu den Fähigkeiten gehören insbesondere gute betriebswirtschaftliche Kenntnisse der Einrichtungen in der Wohlfahrtspflege unter den Gesichtspunkten der jeweils gesetzlich unterschiedlichen Rahmenbedingungen.

Eine der wichtigen Aufgaben ist zukünftig die Weiterentwicklung der Unternehmenskultur, um die Einrichtungen stabil am Markt zu halten. Seit 2007 habe ich insbesondere die aktive Öffentlichkeitsarbeit mit Vorträgen, Pressearbeit und eigenen Schriften als Kernpunkt einer wirkungsvollen Betriebsführung erlebt.

Darüber hinaus ist es für mich sehr erfreulich, die Entwicklung meiner drei Kinder zu begleiten und mit meinen Lieben an einer stabilen Entfaltung unserer gemeinsamen Lebensqualität zu wirken. Dabei fügen sich die Dinge oft von allein.

In der mittlerweile mehr als 12jährigen Erfahrung in der Unternehmensleitung kennzeichneten mich vor allem Teamgeist, Klarheit und ständige Lernbereitschaft. Es gelingt mir schnell, guten Kontakt zu anderen Menschen aufzubauen, um über tragfähige Beziehungen Fülle ins Leben zu integrieren.

Meine Wertevorstellungen werden individuell durch persönliche Kontakte und Literatur ergänzt und abgeglichen, um auch hier durch Autolyse und Erfahrung weiter zu reifen. Seit ich denken kann, beschäftige ich mich in meiner freien Zeit mit Fragen von Religion, Philosophie und Energiemedizin und dürfte ein umfangreiches Erfahrungswissen sammeln. Alle Methoden wurden praktisch angewendet und integriert.

Aktuell besteht meine Aufgabe darin, diese verdichteten Erlebnisse in Büchern auszudrücken, ohne dabei eine bestimmte Zielrichtung zu verfolgen.

Die Wirkung tritt wie immer in meinem Leben durch pure Präsenz ein.

Darüber hinaus dürfte ich seit 2007 als integrativer Bestandteil an einem Auflösungsprozess meines bisherigen Seins teilhaben und dabei direkte Erfahrungen mit den Themen Selbstaufgabe und Transformation sammeln. Eigentlich widerfuhren mir die Entwicklungen einfach und veränderten mein Sein. Es löste sich teilweise regelrecht auf.

Ich schreibe diese Autorenseite etwas umfangreicher, da ich diese Informationen in anderen Werken oft schmerzlich vermisste. Meine Bücher fließen direkt aus dem Herzen und enthalten neben der Erfahrung auch eine Menge Wissen, welches mir ebenso einfach zufiel. Die bewusst einfache Wortwahl integriert dabei das Potenzial verborgen hinter den Zeilen, sodass es die individuellen Anlagen des Lesers auf ganz eigene Weise berührt. Bei dieser Berührung wünsche ich tiefe Freude mehr nicht.

www.frank-reinoss.de

Datenliste

Albrecht, Uwe: Inner Wise® Heilung für alles Lebendige. Die neue Methode energetischer Heilung verstehen und lernen. Allegria Taschenbuch 16.04.2012

Cerny, Falko A: [Wirkung]. Ungeahnte Erfolge durch den umgekehrten Weg. BoD 3. Auflage 2009

Eisenschink, Alfred: Die krankmachende Ökofalle in unseren Häusern. Thomae Verlag November 2004

Göring L.W./Clausen Holger: Phänomen Leben. Die Suche nach der Seele hat ein Ende. BoD 20.03.2008

Graichen,Gisela: Das Kultplatzbuch – Ein Führer zu den alten Opferplätzen, Heiligtümern und Kultstätten in Deutschland. Bechtermünz Verlag Juni 1999

Greb, Peter: GODO: Mit dem Herzen gehen. Der Gang des neuen Menschen. KOHA Verlag 01.09.2000

Gronau, Felix: Grenzenlose Erleichterung. Bewusst glücklich sein. Kamphausen Verlag 15.07.2004

Hartmann, Silvia: EmoTrance. Wie Sie belastende Emotionen in befreiende Energien umwandeln. VAK Verlags GmbH 2. Auflage 2004

Hasselmann, Varda/Schmolke, Frank: Die Archetypen der Seele. Die seelischen Grundmuster – Eine Anleitung zur Erkundung der Matrix. Goldmann Arkana 9. Auflage April 2005

Hawley, Jack (Hrsg.): Bhagavad gita. Der Gesang Gottes. Eine zeitgemäße Version für den westlichen Leser. Goldmann

Kane, Ariel und Shya: Lebe im Augenblick!. Verwandeln statt verändern – Die Erfahrung der Unmittelbaren Transformation. Windpferd Verlag 2. Auflage 2009

Köhne, Peter W.: Phänomen Radionik. Kommunikation mit dem kollektiven Bewusstsein. Radionik Verlag 2008

Metzinger, Thomas: Der Ego-Tunnel. Eine neue Philosophie des Selbst. Von der Hirnforschung zur Bewusstseinsethik Taschenbuch, Berlin Verlag September 2009

OWK: Erleuchtung. THE ILLUSION IS REAL
– THE   REAL IS ILLUSION. Ausbruch aus
der Matrix. Bohmeier Verlag 01.04.2001

Popp, Andreas: Brot und Spiele. Schadlos
durch die Wirtschaftskrise. BoD Oktober
2008

Ruiz, Don Miguel: Die innere Wahrheit. So
leben Sie im Einklang mit sich selbst. Allegria
2009

Sitchin, Zecharia: Der zwölfte Planet.
Taschenbuch Droemer Knaur 1995

Stangl, Anton: Das große Pendelbuch.
Allegria April 2007

Zaharov, Maxim: Strahlende Finsternis.
Broschiert BoD Januar 2010

Filme

Die Prophezeiung der Celestine, DVD

Der Butterfly-Effekt, DVD

Mr. Nobody, DVD

Die Brücken am Fluss, DVD

Anekdote zur Senkung der Arbeitsmoral,
You tube

Consciousness – an animation of Spirit,
You tube

Audio CD

Young, Thomas: 7 Generationen – Das
Tempelritual zur Klärung der Ahnenreihe

Tantra. The Secret Love

Internet-Adressen

www.frank-reinoss.de

www.innerwise.eu

www.naturkristall.de

www.tachyonen-energie.de

www.taichibeckerwalsrode.de

www.weberbio.de

www.orgon.de

www.mind-shop.de

www.radionics.de

www.avantgarde-med.de

Weitere Bücher:

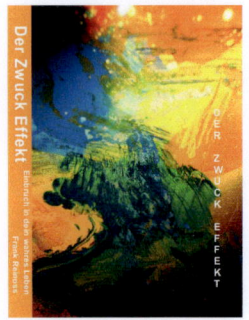

Der Zwuck Effekt

Einbruch in dein wahres Leben

Broschiert

ISBN 978-3-8482-1077-0

Tantra für Uninteressierte

Wie Liebe dein Leben bewegt

Broschiert

ISBN 978-3-8482-0993-4

Urschmerz der Seele

Entdecke die Welt in Dir

Broschiert

ISBN 978-3-8482-0995-8

Stell dir vor es ist Trisomie und keiner guckt hin
Down-Syndrom im
ersten Lebensjahr

Taschenbuch

ISBN 978-3-8482-0617-9

Demenz in ihrer schönsten Form

Von Validation bis
Einfach-nur-da-sein

Broschiert

ISBN 978-3-8482-1313-9

Ich All-Ein

Die Vibration des Lebendigen

Taschenbuch

ISBN 978-3-8482-1357-3